Peter Squentz

Rund um Köln

26 leichte Tippeltouren rechts und links des Rheins

Peter Squentz

Rund um
Köln

26 leichte Tippeltouren
rechts und links des Rheins

J.P. Bachem Verlag

Titelbild: Oberdollendorf
Die Rückseite zeigt von oben: Herrenstrunden, Wahner Heide,
Wipperkotten, Milchborntal, bei Schloss Dyck
Die hintere Innenklappe: Alt-Kaster

Bildnachweis
Alle Abbildungen: Michael Bengel

Meinen Kindern

Buchausgabe nach einer Fortsetzungsfolge aus dem
Kölner Stadt-Anzeiger
ksta.de | ksta.tv | stadtmenschen.de

Bibliografische Information der Deutschen Nationalbibliothek
Die Deutsche Nationalbibliothek verzeichnet diese Publikation in der
Deutschen Nationalbibliografie; detaillierte bibliografische Daten sind
im Internet über **http://dnb.d-nb.de** abrufbar.

1. Auflage 2011
© J. P. Bachem Verlag, Köln 2011
Redaktion und Lektorat: Frauke Severit, Berlin
Einbandgestaltung und Layout: Barbara Meisner, Düsseldorf
Karten: Barbara Köhler, Bergheim
Reproduktionen: Reprowerkstatt Wargalla GmbH, Köln
Druck: Grafisches Centrum Cuno, Calbe
Printed in Germany
ISBN 978-3-7616-2420-3

www.tippeltouren.de

Mit unserem **Newsletter** informieren
wir Sie gerne über unser Buchprogramm.
Bestellen Sie ihn kostenfrei unter

www.bachem.de/verlag

Auch als E-Book erhältlich

Im Apple iBookstore und überall,
wo es elektronische Bücher gibt.
Weitere Informationen auch unter
www.bachem.de/ebooks

Inhalt

Zu diesem Buch 9

Rechts des Rheins 12

Tour 1
Vom anderen Ufer
Von Baumberg in die Kämpe 14
Warum ist es am Rhein wie lang? 18

Tour 2
Fluss im Ehrenkleid
Zum Wipperkotten an die Wupper 20
Im Kanadier auf der Wupper 27

Tour 3
Spinnerei im Tal
Zur Wietsche Mühle 30

Tour 4
Berg und Tal
Nach Altenberg 37
Die Nibelungen an der Dhünn 44

Tour 5
Von Hexen und Hühnern
Von Odenthal hinauf 46

Tour 6
Segensreiche Quellen
Rund um Herrenstrunden 52

Tour 7
Des Kaisers Bach
Nach Bensberg ins Milchborntal 58

Tour 8
Höher als der Müggelberg
Durch den Königsforst 64

Tour 9
Geister im Busch
In die Wahner Heide 72

Tour 10
Tod in der Sieg
Rund um den Sieglarer See 78

Tour 11
Sieglinde und Sankt Adelheid
An die Siegmündung nach Mondorf 83
Moby Dick 91

Tour 12
Vom Höhkopf in die Tiefe
Rund um Stadt Blankenberg 92

Tour 13
Am Brückenhof steht eine Linde
Durch die Weinberge von Oberdollendorf 99

Tour 14
Wacker und erfolgreich
Von der Margarethenhöhe auf den Ölberg 105

Tour 15
Friede dem Bergfried!
Von der Margarethenhöhe auf die Löwenburg 109

Links des Rheins 114

Tour 16
Heinrichs letzter Blick
Zum Rolandsbogen auf den Rodderberg 116

Tour 17
Kamelle im Baum
Vom Heimatblick in den Kottenforst 123
Wilhelm Maucher, der Rebell 131

Tour 18
Auf dem Klüttenweg
Nach Walberberg und Merten **132**
Böll und Köln 139

Tour 19
Benedikts Hügel
Über das Marienfeld bei Kerpen **140**
Schloss Paffendorf 146

Tour 20
Der Tod des Werwolfs
Von Kaster auf die neue Höhe **148**
Der Werwolf Peter Stubbe 154

Tour 21
Zilpzalp, Zaunkönig und Grasmücke
In die Gillbach **156**

Tour 22
Die Basilika am Ufer
Rund um Knechtsteden **161**

Tour 23
Zollfestung mit Pfefferbüchsen
Von Zons den Rhein hinab **165**

Tour 24
Viel Feind, viel Ehr?
Von Hülchrath an die Erft **170**

Tour 25
Perlen am Niederrhein
Rund um Schloss Dyck **179**
Der Hortus Dyckensis 186

Tour 26
Fachwerk vom feinsten
Rund um Liedberg **187**

Zu diesem Buch

Erst kam der Drachenfels, für viele jedes Jahr, es ging zu Fuß hinauf, denn auf den Esel setzten sich die meisten doch nur für die Fotografen. Dann kam die Costa Brava und Antalya, erst „Malle", dann die Malediven. Der Radius der Reiseziele wurde immer größer. Und dennoch hielt man an den alten Zahlen fest: Der Drachenfels galt nicht nur lange als der höchste Berg in Holland, sondern auch als der meistbestiegene in Europa. Zahlen von einer Million Besucher pro Jahr geisterten durch die Statistik. Für solche Mengen baute man dann 1976 auch die scheußliche Besucherplattform aus Beton, die gerade jetzt geknackt wird. Einer der Gründe: Man hatte nachgezählt, 2009 überhaupt zum ersten Mal, und war auf 385.000 Besucher gekommen. Mit dem hellen Neubau wird der Drachenfels gewiss noch attraktiver sein als bisher. Womöglich kommen dann auch mehr Besucher?

In diesem Buch kommt der Drachenfels nicht eigens vor. Doch er ist ein gutes Beispiel für die Idee hinter diesem Band der Tippeltouren: Viele Ausflugsziele um die Ballungszentren haben Besucher verloren. Dabei sind sie sehens- und besuchenswert wie eh und je. Und es sind nicht nur Gesellschaftskritiker und Umweltschützer, die angesichts globaler Krisen den Nahzielen ein neues Publikumsinteresse vorhersagen. Wenn sie denn noch da sind – wie der Drachenfels.

Im „Faust" genügte noch das Vorfeld „Vor dem Tor" als Begegnungs- wie Erholungsstätte der Bewohner. „Hier ist des Volkes wahrer Himmel", sagt Faust, gleich, ob mit Wehmut oder Ironie, und versetzt sich mitten in die Menge: „Zufrieden jauchzet groß und klein: Hier bin ich Mensch, hier darf ich's seyn." Ein Semikolon macht die parallel gesetzte Feststellung zur Selbstaussage, ein Doppelpunkt bloß zum Zitat. Für die Bedeutung jenes unbebauten Schussfelds vor der Stadt für jene, die dort ihre Kräfte sammeln und Entspannung suchen, macht die Zeichensetzung keinen Unterschied.

Längst sind die Städte gewachsen und haben das Vorfeld bebaut. Der Übergang von Stadt und Land ist fließender geworden, unscharf und, vom Zentrum aus betrachtet, weit hinausgeschoben. Was einmal „Vor dem Tor" bedeutete, ist heute der Raum für Gewerbegebiete, die Gegend der Kreisverkehre und Umgehungsstraßen, die Stätten der „Verlidlung" und „Aldisierung" unserer Gemeinwesen. „Vor dem Tor" ist heute weiter draußen, seit es das Tor nicht mehr gibt. Damit sind auch viele Ausflugsstätten, die mancher noch aus seiner Kindheit kannte, hinfällig und aufgegeben worden. „Kickehäuschen", „Hummelsbroich"

Links:
Herbst an der
Wupper

Wahner Heide sind bloß noch Namen der Erinnerung. Jeder kann andere, zusätzliche nennen.

Geblieben vielfach sind die Ausflugsziele weiter draußen. Die Orte, die nicht auf „das Tor" und auf „die Stadt" bezogen waren, sondern die, die unabhängig waren und es bleiben konnten, Zentren ihrer selbst, Kleinodien der eigenen Geschichte, Kirchen, Klöster ebenso wie neu genutzte Industriedenkmäler, Schmuckstücke der Natur, landschaftliche Überraschungen.

Mit diesem Buch kehren die Tippeltouren gewissermaßen auch zu ihren Ursprüngen zurück. Zu Anfang waren sie gedacht als Ausflugstipp, den man an einem Nachmittag bewältigte, gerne verbunden mit dem Hinweis auf eine schöne Einkehrmöglichkeit. Ein wenig Heimatkunde kam wie zufällig dazu, und erst der „flächendeckende" Erfolg der Tippeltouren machte die Serie zur wanderbaren Enzyklopädie des Rheinlands zwischen Sauerland und Hohem Venn, Düsseldorf und der Eifel.

Dieses Buch versammelt Touren im Umkreis von Köln, von Düsseldorf bis Bonn, keine weiter vom Dom entfernt als 50 Kilometer. Und es sind leichte Touren, kurze Wanderungen, vielfach mit Alternativen,

Zu diesem Buch

keine Gewaltmärsche, und wo es Steigungen gibt, sind die Wege umso kürzer. Sie sollen in dieser Versammlung deutlich machen, welche wunderbaren, wanderbaren Ziele es rund um die Millionenstadt Köln nach wie vor gibt. Ja, jetzt erst recht, denn in den allermeisten Fällen ist die „touristische Infrastruktur" vor Ort weit besser als damals, als der Ausflug auf den Drachenfels obligat war: Längst hat sich ein gesamtgesellschaftliches Bewusstsein für die Tradition der Heimat, ihre Denkmäler, die Spuren der Geschichte entwickelt, das sich in vielfachen Publikationen, Hilfestellungen, Themenwanderwegen und Beschilderungen an Ort und Stelle nützlich macht.

Die leichten Tippeltouren dieses Buchs sind eine persönliche Anregung, die auf der erwanderten Erfahrung von vielen tausend Kilometern beruht, auf weit mehr als 30 Jahren „Tippeltouren" – und auf der allerjüngsten Neuerkundung aller Wege: Alle Wanderungen wurden im Jahr 2010 für dieses Buch zusammengestellt und überprüft. Dass ausgerechnet auf den Drachenfels dabei verzichtet wurde, verdankt sich seiner Popularität: Was jeder kennt und leicht alleine schafft, braucht keinen besonderen Hinweis.

Frühjahr 2011
Michael Bengel

Siegaue

Rechts des Rheins

Tour 1

Vom anderen Ufer
Von Baumberg in die Kämpe

„Als die Römer frech geworden, / zogen sie nach Deutschlands Norden." So viel ist bekannt. Sie siedelten dort links des Rheins und machten so den Fluss zur Grenze ihres Reichs. Nach der Schlacht im Teutoburger Wald wurde er das mehr denn je. Und dennoch steht Haus Bürgel, ehedem ein römisches Kastell zur Sicherung der Grenze, für jeden sichtlich rechts des Rheins. Und das liegt nicht an den Germanen, auch nicht an den Römern, sondern tatsächlich am Rhein. In der Mitte des späteren Hofguts befand sich eine Kirche. Sie war im Mittelalter noch die Pfarrkirche von Zons. Heute geht da ohne Fähre nichts mehr.

Vorherige Doppelseite: Schloss Bensberg

Als Ansammlung von steten Tropfen angesehen, kann auch der Rhein weit mehr, als einem Stein ein Loch zu machen. Um 1375 hat das Wasser eine Rheinschleife durchbrochen, die Schlinge eines Mäanders begradigt, und als die Wasser endlich abgeflossen waren, nach drei Win-

Kurzbeschreibung

Anfahrt	A 59 bis AS Richrath, dort der Beschilderung folgen, mit der „Hauptstraße" (L 292) durch den Ort, zuletzt links „Klapptortorstraße" bis zum Rhein. Navigation-Eingabe: 40789 Monheim, Klapperstorstraße 47 S-Bahn bis Düsseldorf-Benrath (RE und S 6), Bus 788 bis Haus Bürgel oder Monheim-Baumberg
Dauer	2 Stunden zzgl. Besuch Haus Bürgel
Länge	knapp 6 km
Wanderkarte	Landesvermessungsamt Nordrhein-Westfalen (Hg.): Leverkusen zwischen Rhein und Bergischem Land. Wanderkarte 1 : 25.000 (nur Restbestände)
Gasthäuser	Einkehrmöglichkeiten am Weg: Baumberger Rheinterrassen, Klapperstorstraße 47, 40789 Monheim/Baumberg, Tel. 02173/964 60
Auskunft	Stadt Monheim, Tel. 02173/951-9
www.	www.monheim.de www.sgv-bergischesland.de/langenfeld.aspx www.hausbuergel.de www.biostation-d-me.de www.baumberger-rheinterrassen.de

Tour 1: *Von Baumberg in die Kämpe*

Steuobstwiese bei Haus Bürgel

termonaten, wie man vermutet, stand Haus Bürgel plötzlich auf dem rechten Ufer. Das hatten ähnlich auch die Neusser schon erlebt, als der Erzbischof den Zoll kassierte, weil Neuss nicht mehr richtig am Rhein lag. Aber das ist eine andere Geschichte und gehört nach Zons (Tour 23).

Von Baumberg nach Haus Bürgel hätten wir vor tausend Jahren also schwimmen müssen. Jetzt gehen wir zu Fuß, mit Start am Rhein, und deshalb ist der wiederhergestellte **Myriameterstein** am Ende der Klappertorstraße, dort, wo die Stufen zur Schiffsanlegestelle führen, ein idealer Ausgangspunkt, auch wenn die „Baumberger Rheinterrassen" mit ihren Linden und Kastanien den ganzen Tag hindurch mächtig zum Verweilen locken können, um das Treiben auf dem Rhein erholsam zu beschauen. Links sind es 550 Kilometer bis Basel, rechts 274,45 bis Rotterdam. Hinter uns die rostigen Schlote der Aal- und Forellenräucherei „Anton Weber" von 1857, die noch mit der Rheinverschmutzung fertigwerden konnte, aber nicht mit dem eigenen Alter. Seit 2009 ist der Traditionsbetrieb geschlossen.

Myriameterstein

Dann gehen wir los, den Rhein hinab, mit dem Rundweg um Monheim („M"), zu dem Baumberg gehört, und mit der Strömung bis zum Campingplatz „Rheinblick" mit früher Einkehrmöglichkeit, folgen seiner Zufahrt nach halbrechts, 200 Meter weit, und wandern bei

Haus Bürgel

Urdenbacher Kämpe

der Schranke, wo die Zufahrtsstraße rechts knickt, halblinks den Weg „A 6" und wieder in den Wald der **Urdenbacher Kämpe**, wie das Gelände zwischen Rheinverlauf und Altarm heißt. Bei der Gabelung nach 100 Metern geht es weiter geradeaus („A 6"). Wo der Wald dann vor uns endet, halten wir uns leicht halbrechts, dann weiter geradeaus, an Ackerland entlang, noch immer mit Weg „M", und kommen so nach einem halben Kilometer durch den Pappelstreifen „Dornbüschchen". Dahinter geht es rechts, und wir erreichen das alte befestigte Hofgut „Haus Bürgel".

Das ehemalige Kastell ist heute ein „Römisches Museum", daneben als „Biologische Station" eine Einrichtung für den Naturschutz. Zudem beherbergt das Gut noch einen Reiterhof mit Kaltblutzucht. Bei starkem Rheinhochwasser ist dem Fluss die Grenze zwischen altem Bett und neuem einerlei, dann ist die Kämpe überschwemmt, und ein paar Hasen, die sich scheinbar drollig auf Kopfweiden gerettet haben, täuschen nicht darüber hinweg, dass zahlloses Getier im Wasser elendig ertrinkt.

Das alles lässt sich systematisch im Museum lernen. Der Lauf des Rheins verändert sich auf Knopfdruck, und man erkennt, wie sich das mittelalterliche Hofgut plötzlich auf dem rechten Ufer wiederfand, wie die 150 römischen Soldaten hier im Alltag lebten, was sie aßen – vom Kranich bis zu Elch und Braunbär ziemlich alles, aber ausgerechnet hier nur wenig Fisch – und warum wohl und vor allem wo hier einer seinen Schatz versteckte, den man 1995 fand, 139 Bronzemünzen, die 17.556 Knochen, ausnahmslos vom Tier, nicht mitgerechnet. Dann setzen wir die Runde fort, weiter mit Weg „M", entlang der Vo-

Tour 1: *Von Baumberg in die Kämpe*

gelhecken an die Landstraße heran, kreuzen vorsichtig die Straße am Kruzifix von 1706, das unter hohen Linden steht, gehen dann beim Wegedreieck links und etwa 80 Meter weiter rechts, so längs der Weißdornbüsche um den Betrieb herum und nach dem leichten Linksknick dann für mehr als einen Kilometer schnurgeradeaus durch Ackerland.

Nach gut 800 Metern zweigt ein Weg nach links ab, der das weite Ackerland umfährt. Wir wandern weiter geradeaus, an den Hecken vorüber und im Naturschutzgebiet auf dicht gestellte Pappeln zu. Dort geht es scharf nach rechts und dann nach 100 Metern, bei einer großen Pappel, links, über den Wassergraben hinweg und auf die Höhe des Damms, der von hier bis Urdenbach den **„Alten Rhein"** beglei- **Alter Rhein** tet. Wir gehen hier ein kurzes Stück noch weiter mit Weg „M", gleich nach dem Rechtsknick verlassen wir den Wanderweg nach rechts, halten auf die Ecke der Hochspannungsleitung zu und wandern, nochmals rechts und nah am Gittermast vorüber, „Im Sträßchen" lange Zeit am Rand der Urdenbacher Kämpe, bis der Weg am Ortsrand wirklich noch zum Sträßchen wird. Am Ende folgen wir dem Linksknick und nehmen dann die „Schallenstraße" durch den Ort. Am Restaurant „Zur Aue" kreuzen wir die Hauptstraße von Baumberg rechtsversetzt und wandern durch die hübsche „Klappertorstraße" bis ans Ende, an den Rhein.

Warum ist es am Rhein wie lang?

Rheinabwärts

Niemand weiß, wie lang der Rhein ist, aber alle wissen, dass er kürzer ist als angenommen. Seitdem der Kölner Biologe Bruno Kremer 2010 festgestellt hat, dass die Länge des Rheins seit etwa 50 Jahren durchweg falsch verbreitet wird, staunen alle, wie ein kleiner Zahlendreher, vermutlich nicht einmal in einem Referenzwerk oder gar von Amts wegen: 1320 statt, korrekt, 1230, solche Wirkung haben konnte. „Shit happens", lehrt uns Forrest Gump. Und Zahlen sind als Ziffernfolgen wie geschaffen für die kleine Denkpause ganz zwischendurch. So wird, in einem Standardwerk, das Gefälle der Strunde mit 160 Metern angegeben, bei „Wikipedia" sogar als 200 Meter. Wenn man allerdings veranschlagt, dass die Straße neben der gefassten Quelle bei etwa gleicher Meereshöhe mit 140 Höhenmetern richtig angegeben ist, Mülheim mit der alten Mündung allenfalls auf 45 Meter kommt und der Rhein auch zwischendurch nicht aufwärts fließt, bleiben etwa 100 Meter an Gefälle für die Strunde übrig. Fleißig war sie damit zudem. Auch hier ist der Ursprung des Fehlers interessant: In einer Schemazeichnung setzte der Autor die relativen 160 Meter des Doms zeichnerisch auf die „absoluten" 40 Meter über N.N., wodurch er für die Quellhöhe, gemäß seiner eigenen Zeichnung, auf 200 Meter kam, von denen er dann 160 als Gefälle rechnete.

Doch zurück zum Rhein: Wozu muss man seine Länge wissen? Als im 19. Jahrhundert, mit dem Aufkommen der Dampfschifffahrt, der Rhein zur Wasserstraße wurde, wollte man ihn auch wie eine Straße messen können. Die Kleinstaaterei vor allem in Deutschland, die vielfach unterschiedlichen Maßeinheiten und Zuständigkeiten erschwerten eine solche Übersicht noch mehr als das Gewässer selber, das seinen Lauf im Lauf der Jahre immer mal geändert hatte.

So war es eine Pioniertat, als schon 1831 eine „Central-Commission für die Rheinschifffahrt" eingerichtet wurde. Im Zuge der weiteren Entwicklung kam es dann zu einer Vermessung des Rheins: Zehn-Kilometer-Steine aus Ibbenbürener Sandstein behandelten den Strom entsprechend als Europas größte Wasser-Straße. Noch dichter ist das Netz der Stromkilometertafeln, wie man sie noch heute kennt: Rechtecktafeln geben die Stromkilometer an, gerechnet von der Rheinbrücke in Konstanz, nicht von der Quelle, quadratische Tafeln mit schwarzen Kreuzen dazwischen markieren jeweils dann die Kilometerhälfte. Die Schiffer wussten gleich, was die Markierungen bedeuteten. Die Touristen aber, auch sie eine Hervorbringung derselben neuen Zeit am Rhein, hatten für den Spott zu sorgen.

1835 erschien der erste „Baedeker", ein neuartiges Reisebuch, mit seinem ersten Band zum Rhein. Der Band war bald so populär und so verbreitet, dass man am Rhein den Reisenden erzählte, die weißen Tafeln gäben die entsprechende Seitenzahl im „Baedeker" an. Also Seite 555 für die Loreley. 689 für Sankt Kunibert in Köln. Und die schwarzen Kreuze seien Gräber von berühmten Kapitänen. Eins auf jeden Kilometer!

Myriameterstein

Tour 2

Fluss im Ehrenkleid
Zum Wipperkotten an die Wupper

Wer an der Wupper groß geworden ist, der lehrt den Glaubenssatz vielleicht noch heute: Die Wupper ist der fleißigste Fluss auf der Welt. Seit dem 14. Jahrhundert trieb sie mit ihren Nebenbächen Mühlräder, Mahlwerke und Schleifsteine in großer Zahl, im 19. Jahrhundert kam die Chemie dazu, die Wupperwasser brauchte – als Rohstoff für Alizarin sowie zum Abtransport der unbrauchbaren Reste. Und statt die Brühe erst zu klären, verklärte man sie lieber. Das war billiger. „Die schwarze Farbe ist das Ehrenkleid, das die Menschen sich und ihr gegeben ha-

Kurzbeschreibung

Anfahrt	A 3 bis AS Opladen, dort der Beschilderung „Leichlingen" und „Witzhelden" folgen; am Kreisverkehr in Richtung Solingen und durch Leichlingen hindurch bis zur Wupperbrücke. Parken für Gäste der „Haasenmühle" oder vor der Wupper rechts Fahrweg „Leysiefen"; weitere Parkplätze am „Wipperkotten" und an der „Wipperaue". Navigation-Eingabe: 42699 Solingen, Haasenmühle 1 Bus 250 der VRS verbindet Köln/Hbf bzw. Leichlingen/Bf über die Haasenmühle mit Solingen/Bf, Auskunft: Tel. 02174/49 96 40
Dauer	Ca. 2 Stunden
Länge	Knapp 5 km
Wanderkarte	Landesvermessungsamt Nordrhein-Westfalen (Hg.): Leverkusen zwischen Rhein und Bergischem Land. Wanderkarte 1:25.000 (nur Restbestände) Landesvermessungsamt Nordrhein-Westfalen (Hg.): Solingen zwischen Rhein und Wupper. 1:25.000 (nur Restbestände)
Gasthäuser	Haasenmühle, Haasenmühle 1, 42699 Solingen, Tel. 0212/247 40 12, Mo/Di Ruhetage Landgasthof „Friedrichsaue", Friedrichsaue 43, 42657 Solingen-Widdert, Tel. 0212/81 14 82, Mo/Di Ruhetage
Auskunft	Stadt Solingen, Tel. 0212/290-0, Stadt Leichlingen, Tel. 02175/99 21 02
www.	www.solingen.de www.leichlingen.de www.friedrichsaue.de www.wipperkotten.de www.schleiferei-wipperkotten.de www.tetti.de/SOLINGEN/index.html www.haasenmuehle.com

Tour 2: *Zum Wipperkotten an die Wupper*

Zoppesmur

ben", so versöhnt Paul Wiskotten (ein eher „grüner" Name: Wiesen-Kotten!) in Robert Herzogs Familienroman von 1905, „Die Wiskottens", Gewinnsucht und Moral, die heute vielfach eins geworden sind.
Wenn auch nicht ohne Folgen. Am wirklichen Wiesenkotten, auf halbem Wege zwischen Burg und der Müngstener Brücke, stand zu Beginn des 20. Jahrhunderts eine Tafel mit der Versicherung: „Wanderer, lass es Dir gesagt sein, dass wir die Wupperverseucher verklagt." Als nach dem Ersten Weltkrieg englische Soldaten den Leichlinger Pfarrer Buse fragten, ob man in der Wupper schwimmen könne, gab der wenig gentlemanlike zurück: „Die ist schon verseucht." Und noch in den 70ern des 20. Jahrhunderts feierten die Schulkinder im Leichlinger Gymnasium, hart am Fluss, regelmäßig „stinkefrei" wegen der Wupper und lernten, dass sie die dreckigste Kloake ihres Landes war. Nach der Emscher. Die war konkurrenzlos.
1967 gründete der Kölner Künstler Hans Karl Rodenkirchen im Wipperkotten eine Bürgerinitiative, die „Notgemeinschaft Abwassergeschädigter der unteren Wupper", und er hat vor seinem Tod 2007 noch ihre Auflösung erlebt: Das Ziel der „Notgemeinschaft" war erreicht! Rund 80 % der Wuppergewässer gelten heute als „wenig" bis „mäßig" belastet, der Rest indes ist noch immer „kritisch", wenn auch nicht bei Solingen. So wandern wir nun umso lieber hier, ein Stück die **Wupper** Wupper aufwärts und hinab, vorüber an Kotten und Mühlen, die heutzutage häufig Restaurants sind. Die Farbfabriken und Chemiewerke entlang des Flusses sind gottlob verschwunden, auch wenn die Zeit der Rasenbleichen ein für allemal vorüber ist.

Wipperkotten

Haasenmühle

An der **Haasenmühle** von 1404 machen wir uns auf den Weg. Sie war die 13. und letzte am Nacker Bach, der sich hier nach sechs Kilometern der Wupper ergibt. Wer von hier nach Süden wollte, musste durch oder über die Wupper. Seit 1886 hieß der Eigentümer Hermann Haase, doch „Hasenmühle" hieß sie vorher schon, etwa 1843, als der damalige Müller namens Schmitz im „Solinger Kreis-Intelligenzblatt" kund und zu wissen gab, dass er zwar eine „Fahrbrücke" errichtet habe, gerade dort, wo heute die Kreisstraße kreuzt, aber dass er bitteschön bei weitem nicht gewillt sei, die Brücke für den rollenden Verkehr konzessionieren zu lassen. Anders ausgedrückt: Die neue Brückenkonstruktion war nicht gedacht für Krethi oder Plethi, die es eilig hatten – nur für des Müllers Kunden stand sie da.

Direkt der Haasenmühle gegenüber folgen wir dem Fahrweg „Wipperaue" mit dem „Klingenpfad" („S"), „A 3" und einem weißen Dreieck als Markierung, überqueren hier den Nacker Bach, ehe er zur Wupper wird, und finden gleich darauf das alte Loch des Steinbruchs, in dem im 19. Jahrhundert ein fester Sandstein für den Bau gewonnen wurde. Hier steigt der reich markierte Wanderweg ein wenig in die Böschung, und wir wandern oberhalb der Straße weiter. Erst an dem weitläufigen Lokal der „Wipperaue" mit Minigolf und Floragarten erreichen wir wieder die Straße – nur um sie in der Kurve, wo sie in das Sträßchen „Wippe" übergeht, sofort zu verlassen.

Tour 2: *Zum Wipperkotten an die Wupper*

Hier wäre nun der Ort, um Namensforschung zu betreiben: Heißt denn die Wupper nicht nur nah der Quelle „Wipper", warum also heißt die Aue „Wipperaue" wie der Kotten „Wipperkotten" und die nächste Hofstatt „Wippe"? Die Argumente balancieren vorderhand wie auf der Wippe: Die einen sagen, der Weinsberger Bach, der ein paar Meter weiter in die Wupper fließt, habe früher tatsächlich „Wipper" oder auch „Wypper" geheißen, die anderen, die ganze Wupper sei die Wipper, nämlich von der Wortbedeutung her: Denn „wippen" oder „wippeln" sei die hüpfende Bewegung des bewegten Wassers. Dann freilich dürften alle Flüsse Wipper heißen, sodass hier die Wipper in die Wipper flösse. Halten wir uns lieber daran, dass die Wipperaue wie der Wipperkotten wohl noch nie woanders gelegen haben als hier an der Wupper, die 1166 schon als „Wippere" bekannt war.

Wir erreichen nun am Fluss den schönen **Wipperkotten**. Der kleine Parkplatz vor dem Kotten ist mit alten Schleifsteinen umgrenzt. Dahinter stürzt sich die Wupper mit Getöse über das breite, flache Hemmnis des Stauwehrs. Der Wipperkotten, schon zu Beginn des 16. Jahrhunderts erwähnt, ist der letzte erhaltene Solinger Schleifkotten an der Wupper, an der es einmal mehr als hundert gab. Zugleich repräsentiert der Wipperkotten den letzten Doppelkotten mit zwei Wasserrädern an der Wupper. Der Doppelkotten war das Resultat der Effizienzbemühungen bei der Ausnutzung der Wasserkraft: Warum sollte denn ein Wasserrad nur auf einer Seite die Mechanik treiben? „Innenkotten" heißt dann jener Kotten, der zwischen dem Fluss, der eigentlichen Wasserquelle, und dem Graben mit dem Wasserrad liegt, in diesem Fall also das rechte Haus; der „Außenkotten" liegt zum Berg hin, es ist die jetzige Schleiferwerkstatt.

Wipperkotten

Hier verlassen uns die Wege mit dem Dreieck und dem „S". Wir wandern links an dem malerischen Ensemble vorüber, überqueren den eingefassten Weinsberger Bach und passieren mit der eingezäunten Wiese rechts hinter dem Kotten die Stätte eines weiteren, des **„Schaafenkottens"**, der 1928 abgerissen worden ist. Nahe dem Wehr kommen wir durch ein rot-weißes Drängelgitter an das Ufer der Wupper heran („A 3"). So geht es weiterhin den Fluss hinauf, bis wir den asphaltierten Weg erreichen, der in der Böschung parallel verläuft. Mit ihm überqueren wir den Vormeiswinkeler Bach. Auch hier lag bis nach dem Zweiten Weltkrieg eine alte Schleiferei, der „Hohlenpuhler Kotten", ebenfalls ein Doppelkotten, 1683 schon belegt, zuletzt Entlausungsanstalt und Refugium für Ausgebombte. Jetzt sind die alten

Schaafenkotten

Haasenmühle

Wasserwege der Natur zurückgegeben und dienen nun als wiederhergestelltes Biotop. Nur von den Mauern sind noch Reste zu erahnen. Zum Hang hin tritt der blanke Felsen an den Weg.

In der leichten Biegung steigt der Weg mit eisernem Geländer im Prallhang an und entfernt sich im lichten Laubwald sacht vom Lauf der Wupper, die nun erheblich unter uns gluckst, blinkt und blitzt. Bald überqueren wir den Zulauf des Hintermeiswinkeler Bachs. Rund 150 Meter weiter, wo der Weg „A 2" im spitzen Winkel links den Berg hinanführt, um auf den „Klingenpfad" zu stoßen, erreichen wir mit dem „Hohlenpuhler Weg" den Ortsteil Friedrichsaue mit einem Gemüsebaubetrieb.

Nur ein paar Meter weiter folgen wir mit einem Gewimmel von Wegmarkierungen dem Weg nach rechts, zum bergischen Landgasthof „Friedrichsaue" und an den Fluss. Ein schönes Brückchen bringt uns hier hinüber; links sehen wir, am rechten Ufer, durch die Bäume den flachen Fachwerkbau des ehemaligen **Untenfriedrichsthaler Kottens** aus dem 18. Jahrhundert. An linken Wupperufer gehen wir am Prallhang rechts, mit vielen Zeichen wupperabwärts. Am Waldrand gabeln sich die Wanderwege. Wir bleiben rechts („N"), und steigen müssten wir nur noch, wenn wir am kleinen Leysiefen, der neben einer Bank den Weg kreuzt, links im Wald auf flachem Sporn die Reste von Burg Zoppesmur erkunden wollten. Immerhin: Man ahnt dort die gesamte Anlage, sieht Mauern, einen Meter dick, doch interessanter ist der Leumund ihrer einstigen Bewohner, der Ritter Zopp und Rindfleisch.

Untenfriedrichsthaler Kotten

Tour 2: *Zum Wipperkotten an die Wupper*

Sie waren üble Räuber, ihre Pferde trugen die Hufeisen verkehrt herum, um etwaige Fährtensucher abzuschütteln (obwohl sie sie ja konsequent nach Hause hätten führen müssen!). Und wenn sie auch gestorben sind, so spukt es immer noch an ihrer Stätte!

Seit dem frühen 13. Jahrhundert kommen die Herren der Burg im bergischen Umfeld urkundlich vor, der Erste 1209 als „Rodolphus Zobbe", ein anderer verkaufte die begehrte Festung „de Leyensiefen" 1280 an Graf Adolf von Berg. Doch schöner noch als die Geschichte aus der alten Zeit sind die Geschichten, etwa diese hier: Ein Herrscher von Burg, so heißt es in der Sage, hatte einen Bruder, der in Köln ein hohes Kirchenamt verwaltete. Dieser Bruder hätte gern die Herrschaft über Burg an sich gebracht; doch dazu musste er, wenn er schon seinen Bruder nicht ermorden wollte, verhindern, dass irgendwelche Nachgeborenen noch Erbansprüche stellen konnten. Er lockte seinen Bruder in die Stadt und ließ ihn dort entmannen, um eine Heirat wenig attraktiv zu machen. Der Bruder, dem das nicht gefallen hatte, heuerte zwei finstere Gesellen an, Zopp und Rindfleisch, die griffen sich den Kölner und brachten ihn nach Burg, wo er in den Kerker kam. Jedoch von Zeit zu Zeit, wenn gerade mal kein Troubadour vorüberkam und auch der Hofnarr nicht in Form war, ließ der Herrscher und Kastrat von Burg seinen eingekerkerten, doch sonst intakten Bruder mit Honig bestreichen und nackt an die Außenmauer hängen, wo es Wespen, Bienen und Schaulustige gab, und lobte dafür den Raubritter Zopp von der Zoppesmur in den allerhöchsten Tönen.

Wir wandern weiter, kreuzen nach gut 250 Metern einen Fahrweg, dem Weg „N" nach rechts folgt, bleiben auf dem unmarkierten Feldweg

Am Start

Tal der Wupper geradeaus und kommen mit dem nächsten Querweg rechts und an die Wupper. Das ist der Ansichtskartenblick schlechthin im **Tal der Wupper**: der alte Wipperkotten gegenüber mit dem Wehr.

Links, wupperabwärts, folgt Haus Nesselrode oder Nesselrath, ursprünglich ein Rittersitz in einer festen Wasserburg, 1368 erstmals mittelbar genannt, später zum barocken Schloss erweitert, verfallen, 1850 nach einem Brand abgerissen bis auf das gotische Torhaus, aber noch als Bauernhof mit einer Ahnung seiner alten Macht und Größe. Die Schießscharten im Tor erinnern uns daran, dass einst nicht nur Spaziergänger vorüberkamen.

Anno 1246, so die Überlieferung, schrieb hier das Leben eine jener schaurig-schönen Geschichten, wie sie Shakespeare, hätte er sie nur gekannt, prompt auf die Bühne gebracht hätte: Kunigunde von Nesselrath verehrte Wirich, ihren Mann, doch klagte, dass sie ihn bei seinen Aventüren nie begleiten durfte. Um zu prüfen, wie es mit ihrer Tapferkeit bestellt war, ritt er eines Tages einen Scheinangriff auf seine eigene Burg, das Gesinde suchte prompt das Heil in der Flucht oder wenigstens im Keller, Wirich besetzte die Burg und rief, man möge sich ergeben. Da trat mit einem Schwert und dem sprichwörtlichen Mut der Verzweiflung Kunigunde auf in voller Rüstung. Offensichtlich schränkte das Visier ihr Sehvermögen ein: Sie erkannte ihren Gatten nicht und setzte dem Besetzer zu. Wirich blieb tot auf der Walstatt, und seine Witwe ging ins Kloster.

Jetzt sind es nur noch ein paar Meter bis zu Schmitzens Brücke und rechts zurück zur Haasenmühle. Von außen sieht sie wie ein schmuckes Wohnhaus aus, in der Gaststube hingegen zeigt sie dem Besucher ihr Mühlrad und ihre Zähne – aus Holz.

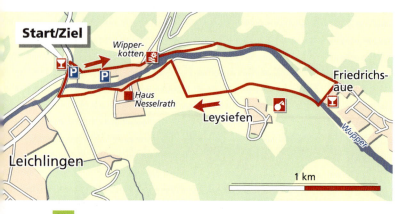

Im Kanadier auf der Wupper

Man soll den Tag im Boot nicht vor dem Abend loben. Nicht eher nämlich, bis man weiß, ob man die Zahnbürste noch heben kann. Ist man im Zweifel, was den Tag betrifft, so frage man die Kinder: Die wollten gleich noch einmal in das Boot. Und denen wäre auch egal, ob es die Sieg oder die Wupper ist, wenn denn schon nicht der Yukon. Hauptsache, wir paddeln.

Ganz ähnlich sieht das Thomas Becker. Der Mann war viermal Weltmeister im Kanuslalom und bei den Olympischen Sommerspielen von Atlanta 1996 Gewinner der Bronzemedaille: Beim Paddeln, sagt er zur Erklärung, sieht man wenigstens, wohin man fährt, gleich, ob im Kajak oder im Kanadier. Ruderer, so mag man das verstehen, erinnern eher an Galeerensklaven. Also paddeln wir. Und weil er, wie er sagt, im Kanu auf der Wupper groß geworden ist, und das gleich 192 Zentimeter, lassen wir den unkaputtbaren Kanadier für die ganze Familie am Wupperhof zu Wasser. Mit uns tun das rund zwei Dutzend andere der letzten Mohikaner aus nah und leidlich fern. Sie suchen Freizeitvergnügen im Naturschutzgebiet, Naherholung im Flora-Fauna-Habitat, Spaß und Abenteuer auf der Wupper.

Das war vor 30 Jahren noch undenkbar: Die Wupper kam von der Belastung her als zweiter nach der Emscher, das Wupperwasser hatte Güteklasse III bis IV und war, ins Deutsche übersetzt, „sehr stark verschmutzt" („Fische nicht auf Dauer"). Jedes Hochwasser hängte den Dreck ins Gestrüpp und spülte Giftschlamm auf die Wiesen. Schon Friedrich Engels aus dem Örtchen Barmen, heute Wuppertal, hatte die „purpurnen Wogen" der Wupper beschrieben, die Folgen der Färbereien und Bleichen, und 1883 hatte ein Pfarrer die erste Bürgerinitiative gegen die Verschmutzung der Wupper gegründet.

Heute ist das anders. Der Schutzverband der „Abwassergeschädigten" hat sich in Frieden selber aufgelöst. Und deshalb ist das belebte Gasthaus „Wupperhof" an der Kreuzung von Straße und Fluss zugleich ein Kreuzungspunkt von Wanderern, von Rennradfahrern, Mountainbikern und Kanuten. Die Stechpaddel („brusthoch") sind allesamt verteilt, die Schwimmwesten verschnürt, Persönliches ist wasserdicht verschlossen. Wenn es arg kommt, paddeln wir bis Holland, argwöhnt Chingachcook im Nebenboot und besteht auf einem Plastikfass für seine Brieftasche mit Personalausweis. Das kommt uns übertrieben vor. Wir wissen aber auch: Für die nächsten zweieinhalb Stunden sind wir auf dem Wasser. Dann reißt der Fluss uns mit, an dieser Stelle etwa 30 Zentimeter tief. Wenn es nicht bald regnet, fürchtet Thomas Becker, können

Kinderspiel auf der Wupper

wir demnächst nur morgens fahren. Wir sind zufrieden, es bleibt trocken. Dabei regnet es in Wuppertal, statistisch, fast so viel wie in Salzburg: 1.200 mm gegenüber 1.286.

Als Becker 2002 Schluss gemacht hat mit dem Leistungssport, hielt er doch am Erbteil seiner Wupper fest: Sein Unternehmen „Wupper-Kanu-Touren" bietet Kajakkurse ebenso wie eher touristisch geprägte Kanadierfahrten für kleine und größere Gruppen. Für bis zu 80 Personen hat er Material, sagt Becker, aber in einer solchen Runde, setzt er gleich hinzu, fahre er nur bei einer homogenen Gruppe, nur auf der ruhigeren Sieg – und selbst dann nur in gestaffelten Verbänden. Daneben veranstaltet er dreiwöchige Wanderfahren auf dem Yukon-River.

Sein Heimatgewässer teilt er sich mit einigen weiteren Kanu-Unternehmern sowie Sportvereinen. Selbst im bisherigen Jahrtausendsommer 2003 hatte die Wupper, die 827 km^2 Bergischen Landes entwässert, Wasser genug für die Kanuten. Und so machen wir uns also auch nach ein paar Tagen Sonne zuversichtlich auf den Weg. Es gibt diverse Touren auf der Wupper, sie führen allesamt den flinken Fluss hinab. Das schönste Stück vielleicht bringt uns vom Wupperhof bis Leichlingen. Wipperaue, Nesselrode, Rüdenstein: Das klingt auch einen halben Meter überm Wasser wie Musik aus fernen Zeiten! Aber vorher sitzen wir auf einem gut gemischten Kartenspiel aus schrägen Schieferfelsen auf, rumpeln durch Kiesel oder knirschen tief im Sand, drehen uns durch Stromschnellen und Katarakte oder sausen geradewegs hinein ins filigrane Blattwerk einer umgestürzten Weide hart am Hang!

Wo der Wanderer die Muße zur Begegnung mit der bergischen Geschichte hat, den Schleifkotten von einst, in denen Solingens Berühmtheit blankgeschliffen wurde, da ist der Wasserwanderer im Heck mit sich und seinem Boot beschäftigt, das quecksilbergleich auf den glitzernden Wellen tanzt. Pompejus hatte recht, auch wenn er seinen Satz weit grundsätzlicher gemeint hatte als wir: navigare necesse est! Dann wieder, Augenblicke lang, die polyfone Harmonie von ungezählten Vogelstimmen um uns her, ehe irgendwo der nächste Warnruf uns zum Handeln zwingt: links halten, auf die Steine achten, anziehen!
Leicht ist das Ganze nur vorher – und auch nur im Prinzip: Das Paddel ruhig halten, den Blick nur auf die Bugspitze gerichtet, zum Korrigieren nur ein wenig drücken oder ziehen! So gleiten Biergärten vorüber und imposante Fachwerkbauten, Wildgänse und Winkende am Weg, für die als Gruß ein Grinsen schon genug sein muss, Angler und Mücken im Streiflicht dicht über dem Wasser, Gleithang und Prallhang in wechselndem Grün.
Bis zum sanierten Industriegelände der Opladener „Schusterinsel" ist die Wupper für uns schiffbar. Unternehmer karren manchmal ihre Mitarbeiter her für den Betriebsausflug – auf dass sie lernen, was es heißt, im selben Boot zu sitzen. Familien legen öffentlich ihr Beziehungsgeflecht auf das Wasser, wenn es darum geht zu klären, wem man die Peinlichkeit der jüngsten Pirouette zu verdanken hat.
Rund nach der halben Strecke, vor dem Wipperkotten, gibt es ein Wehr quer durch den Fluss, das uns zum Aussteigen und zur Pause zwingt. Zeit für gekühlte Getränke, Kekse, Fotos auf dem Fluss. Das Wasser schießt hier lärmend durch die Steine. Dort drüben, in dem schönen Doppelkotten, hatte der Künstler gelebt, der die Säuberung der Wupper zu seinem zweiten Lebenszweck erkoren hatte. Von hier aus sind es noch einmal fünf Kilometer. Die Wupperberge haben wir nun hinter uns, jetzt gleiten wir durch schöne Auen. Eine Wasserratte gibt uns die Ehre des Geleits. Hier, auf neutralem Gebiet, können wir das Tier in seiner Anmut würdigen. Ein Reiher vor uns fliegt ein ums andre Mal entnervt für 20 Meter weiter und versteht die Welt nicht mehr, als wir ihm, nolens volens, folgen. Die Spaziergänger auf den Brücken der „Blütenstadt" Leichlingen entdecken Sehenswertes auf dem Fluss, und ein Knirps mit rotem Feuerwehrhelm ruft vom Ufer her: „Ahoi, ich bin Pirat!" Er wäre wohl zu gern dabei. Und wir begreifen, dass wir nicht nur paddeln, sondern paddelnd Werbung für das Paddeln machen.

Tour 3

Spinnerei im Tal
Zur Wietsche Mühle

„Die Einwohner von Leichlingen bleichen allhier auff dem Wupper-Strohm viel leinen Tuch vor die Stadt Cöllen, tragen bey Sommerzeit Kirschen, Äpffel, Biernen, Hüner, Eyer, Butter, Käse zum feilen kauff dorthin, und gibt es allhier fette Bauren", das schrieb ein Reisender im Jahre 1729. Das Obst ist Leichlingen geblieben, anders als die Wupper-Bleichen; die fetten Bauern werden gerne dementiert, und nach Cöllen ziehen sie schon längst nicht mehr. Die Kölner kommen eher auf das Land, wo sie beim Blick zurück die Türme aus der Heimat sehen

Kurzbeschreibung

Anfahrt	Der Wanderparkplatz liegt an der L 294 Leichlingen-Witzhelden gleich hinter der Abzweigung „Sonne" rechts vor der „Bauernscheune". Navigations-Eingabe: 42799 Leichlingen, Junkerholz 2 DB bis Leichlingen, Bus 255 nach Witzhelden bis Haltestelle „Sonne"
Dauer	2 – 3 Stunden
Länge	6 oder 7 km
Wanderkarte	Landesvermessungsamt Nordrhein-Westfalen (Hg.): Leverkusen zwischen Rhein und Bergischem Land. Wanderkarte 1 : 25.000 (nur Restbestände)
Gasthäuser	Restaurant „Haus Stöcken", Stöcken 12, 42799 Leichlingen, Tel. 02175/28 57, Mo Ruhetag Wietsche Mühle, Wietsche Mühle 21, 42799 Leichlingen, Tel. 02175/21 08, Di Ruhetag Nah dem „Sinneswald": Gaststätte „Zur Kutsche", Balken 5, 42799 Leichlingen, Tel. 02175/27 48, Di Ruhetag
Hinweise	Die Ausstellung im „Sinneswald" ist von Mai bis Jahresende täglich bis zur Dämmerung geöffnet. www.spinnerei-braun-brudes.de Obsthof „Flügel", Stöcken 16, 42799 Leichlingen, Tel. 02175/42 35 Die besten Erdbeeren gibt es in der Saison bei Hermann Böwer in Leichlingen, Opladener Straße 35, Tel. 02175/33 88.
Auskunft	Stadt Leichlingen, Tel. 02175/99 21 02
www.	www.leichlingen.de www.stadtbild-leichlingen.de www.witzhelden-web.de/Geschichte/Junge_Historiker/Witzhelden_Ortsmitte/Obstbau_in_Leichlingen/obstbau_in_leichlingen.html

Tour 3: *Zur Wietsche Mühle*

Aus alter Zeit: die Wietsche Mühle

können. Manche kaufen hier ihr Obst, bisweilen auch Geflügel, und die frische Luft, die 1729 noch so fraglos und so selbstverständlich war, dass niemand sie erwähnte, genießen sie im Sommer wie im Winter. Gleich am Parkplatz „Sonne" an der Höhenstraße steht die „Bauernscheune Conrad's" mit mehr als Äpfeln und Kartoffeln. Hier schnüren wir die Stiefel und marschieren los: Wir nehmen die westliche Zufahrt auf den Parkplatz vor der „Bauernscheune", überqueren geradewegs, und dabei vorsichtig, die Straße und folgen schnurstracks gegenüber gleich dem vom Asphalt markierten Pfad halblinks hinunter in den Wald. (Einen zweiten, besseren Zugang gibt es ca. 100 Meter weiter westlich, wo die gelben Pfosten der Ferngasleitung vom Fußweg rechts hinunter weisen.) Der Weg läuft in der Böschung sacht bergab, durch Buchenwald mit Ilex reich am Boden (Raute und „N"). Bald sehen wir den grünen Talgrund unter uns, am Ende schwenkt der Pfad nach rechts und bringt uns an die Straße durch das **Tal des Weltersbachs**.

Tal des Weltersbachs

Wir gehen rechts, durchqueren mit der Straße noch das Tal bis an den Wanderparkplatz, überqueren hier den Bach und folgen vor der Böschung mit der rot-weißen Schranke dann dem Weg nach rechts („Johannes-Bildstein-Wanderweg", markiert durch ein längliches Rechteck, auch „A 2"). So geht es lange Zeit dem Weltersbach entgegen. Wir bleiben weiter rechts, als sich der Weg nach ein paar Metern gabelt.

Gestauter Murbach

Hoch über uns die Klinik mit dem Neubau auf der Höhe ist dem Blick im Tal entzogen. Dort oben, nah dem alten „Roderhof" im Flurstück „Birken", wurde zwischen 1903 und 1906 ursprünglich eine Nervenheilanstalt gebaut; später war sie Lazarett und Lungenheilstätte, heute ist die neu gebaute Klinik ein bekanntes Herz- und Rehazentrum und eins der größten dazu.

Nach einem halben Kilometer kommen wir an einem steingefassten Ruheplatz vorbei, ein Wasserstrahl springt artig aus einem Bassin, zwei Bänke stehen für Spaziergänger bereit. Wenig später folgt am Weg im Tal ein kleines Umspannhäuschen mit einem Fußgängerbrückchen dahinter. Schon vorher sehen wir die Reste eines alten Wehrs im Wasser. Wir folgen weiter unserem Weg, vorüber an Eschen am Ufer. Wo sich das Wiesental verbreitert, strebt am Fuß unseres Wegs der Roderbach dem Weltersbach entgegen. Wir wandern nun ein Stück auch diesem neuen Wasserlauf entgegen, 250 Meter weit, dann verlassen wir am Wegedreieck den breiten Weg („A 2"), überqueren rechts den **Roderbach** auf einem hölzernen Brückchen und bleiben so im Tal. Unser Weg hat sich als Hohlweg eingekerbt und läuft halblinks rund 100 Meter am Sockel um die Höhe. Dann stoßen wir auf einen guten Fahrweg, der mit dem Grünscheider Bach das Tal durchläuft und dann den Weltersbach überquert.

Hier verlassen wir den Wanderweg mit dem Symbol des Rechtecks, durchmessen mit „A 4" das Tal und folgen dann dem alten Karrenweg nach links („A 3"), anfangs weiterhin dem Weltersbach entgegen. Nach 350 Metern kommt von rechts bei einer Bank ein Wasserlauf herab; keine 100 Meter weiter verlassen wir den Weg am Tal und

Tour 3: *Zur Wietsche Mühle*

steigen rechts in der Böschung hinauf („A 3"). So kommen wir nach
Stöcken, eine schmucke Ansammlung oft alter Häuser, und stoßen **Haus**
neben dem angesehenen **„Haus Stöcken"** an der Höhenstraße nach **Stöcken**
Witzhelden.

Links überqueren wir die Straße sicher mit einer Verkehrsinsel und
gehen dann noch weiter links bis an die Einfahrt zum Obsthof „Flü‑
gel". Hier folgen wir dem Wanderweg „A 3" nach rechts und sehen fern
am Horizont die Türme des Kölner Doms. An Gärten und einer Pferde‑
koppel vorüber kommen wir in den Wald, über Tritte hinab und ins Tal.
Unten, gleich vor dem weißen Haus 76a, hinter dem der Murbach zu
einem Teich gestaut ist, gehen wir auf dem Fahrweg rechts („X" und
„A 3"). Bei Haus 78 werfen wir einen Blick auf Markus' und Heikes
Polizei- und Indianerleidenschaft in „Little Canada", dann folgen wir,
am Damm des Teichs vorüber, dem **Murbach** für ein gutes Stück auf **Murbach**
seinen letzten Kilometern bis zur Wupper.

Elf Kilometer ist der Bach nur lang, doch Zwischenziel für 40 weitere
Bäche, eines der wasserreichsten Gewässer der Wupperregion, oben‑
drein von deutlichem Gefälle. So trieb er seit der Frühzeit Mühlen
aller Art an, schon früh im 14. Jahrhundert soll es hier die ersten
Schleifkotten im Bergischen gegeben haben. Wo der Bach nach etwa
einem halben Kilometer unseren vielfach markierten ausgesetzten
Weg berührt, steht eine grüne Bank. Nun begleitet uns zur Linken Im Bachtal

„Am Murbach"

eine Leitplanke. Vorbei an einem sehenswerten Aufschluss von Buntsandstein kreuzen wir die gelb markierte Ferngasleitung durch das Tal.

So erreichen wir zuletzt nach schönem Marsch im Tal die Wietsche Mühle und den Ortsteil Wietsche. Der Ortsname, 1287 schon als „withse" belegt, ist nach wie vor nicht eindeutig geklärt, nur dass die zweite Silbe „-scheid" bedeutet, Grenze, scheint gewiss. So halten wir uns also lieber an die touristische Koseform für das Tal: „Leichlinger Schweiz". Die Mühle ist seit 1914 Gasthaus, doch ihr Mühlrad drehte bis zum Zweiten Weltkrieg nebenher noch einen Dynamo und versorgte sich auf diese Weise selbst mit Strom. Jetzt sitzt man hier im schönen kleinen Schankraum an der Bach- und Sonnenseite des Gebäudes bei Waffeln, hausgemachtem Kuchen und Obstwein „wie zu Großmutters Zeiten" und schaut hinunter auf das Hühnervolk im Garten wie auf die Wanderer, die bloß vorüberziehen.

Die harte Arbeit alter Tage lässt sich wohl noch ahnen, von Zwischenfällen können wir nur lesen: So starb am Tag vor Heiligabend 1800 der Wietscher Ölmüller Stöcker buchstäblich inmitten der Arbeit – er wurde, wie das Kirchenbuch lakonisch schreibt, „zwischen Mühlrad gequetscht". Der Müller zur Gathen ertrank im Jahre 1867 im Mühlenteich.

Das letzte Stück des Wegs folgt weiterhin dem Bach. Bei der Gabelung der Straßen vor dem querstehenden Fachwerkhaus haben wir eine buchstäblich wegweisende Entscheidung zu treffen: Rechts ginge es mit allen Wanderwegezeichen die alte Wietscher Ley hinauf und durch die Wiesen rechts zurück.

Sinneswald

Wir aber gehen links und bleiben „Am Murbach" (wie auch das Sträßchen heißt), bis wir den **„Sinneswald"** erreichen, einen Skulpturenpark auf dem Gelände der historischen Spinnerei „Braun + Brudes" mit über 70 Arbeiten von einheimischen Künstlern. Ihre Bewohner, das Architektenpaar Wicze Braun und Wolfgang Brudes, bestücken

Tour 3: *Zur Wietsche Mühle*

ihre Naturgalerie im engen Bachtal immer wieder neu. Das Tal ist um den Bachlauf herum als Wasserlandschaft gestaltet. Kanadagänse beleben das Miteinander der Exponate aus Holz und rostigem Metall. Auch hier begann die Nutzung der Wasserkraft im 14. Jahrhundert mit einer Mühle. 1855/56 wurde die Woll-Spinnerei etabliert. Nach dem Ersten Weltkrieg versprach sich der damalige Besitzer höhere Gewinne durch die Fertigung von Prothesen für Kriegsversehrte. Seit 1993 schließlich ist das Tal, von hohen Steinbruchwölbungen in dessen Flanken überwölbt, als „Sinneswald" der Kunst geweiht. Und wer das für Spinnerei hält, kann das sogar am Hauptgebäude lesen: „Spinnerei".

Der Weg führt uns am alten Steinbruchloch vorüber, das, mühsam freigeräumt, jetzt wie ein antikes Theater dasteht; aus dem hier abgetragenen Felsengrund sind alle Häuser der Umgebung aufgebaut. Auch die alte Ladebrücke existiert noch, unter der die Pferde sicher standen, wenn die Fuhrwerke beladen wurden.

Als Letztes passieren wir die **„Kamerafrau"** des Kölner Künstlers Peter Nettersheim. Ihr Holz ist hier im Tal gewachsen, eine mehr als 150-jährige Eiche, die im Jahr 2000 gefällt werden musste, und nun als Wächterfigur das Tal beschirmt. Bei zwei schönen kleinen Fachwerkhäusern auf der linken Seite (Nr. 6) nehmen wir dann rechts im spit-

Kamerafrau

Vormals „Braun + Budes"

zen Winkel zurück den unmarkierten Weg in die Sackgasse, kommen so mit einem eingekerbten Pfad nach oben und folgen dem breiten Wiesenweg geradeaus, vorbei am gelben Haus, bis von rechts der Weg mit allen Zeichen zu uns stößt.

Auch von hier aus reicht der Blick bis Köln, wo vor tausend Jahren die Leichlinger Grundherren saßen, anfangs die Äbte des Kunibert-Stifts, seit 1019 die Äbte des neuen Klosters in Deutz. Sie waren in Leichlingen Waldgraf, Lehnsherr über 21 Güter, obendrein auch Eigentümer von vier Bauernhöfen und Patron der Kirche. Und doch: Im 16. Jahrhundert bekannten sich die Leichlinger zum Luthertum, erst die Gemeinde, dann, als Letzter, der Pastor. Und so kehren ganz zuletzt auch wir dem fernen Köln den Rücken, gehen auf dem asphaltierten Weg nach

Watching you rechts und nehmen vor dem „Sonnenhof" den Weg nach links („X") bis an die Landstraße heran (mit Fußweg!) und rechts zurück zum Ausgangspunkt.

Tour 4

Berg und Tal
Nach Altenberg

Schon Benedictus hielt es mit dem Satz der Genesis, dass man im Schweiße seines Angesichts sein Brot verzehren solle. Das Mittelalter machte daraus um des Reimes willen: Ora et labora. Wie konnte Bernhard von Clairvaux den Satz noch weiter reformieren? Indem er ihn beim Wort nahm. Auf dem Berg, wie Benedikt, war man wohl nah

Kurzbeschreibung

Anfahrt	A 1 bis Burscheid und B 51 in Richtung Köln bis Abzweigung links nach Altenberg (L 310) oder gleich B 51 über Schlebusch, Boddenberg, rechts ab nach Altenberg (L 310). Parkplatz vor „Haus Wißkirchen" am Ende der L 310 rechts ab mit der Straße „Am Rösberg". Navigation-Eingabe: Odenthal, Am Rösberg 2 S 11 bis Bergisch Gladbach, Bus 430 bis Altenberg
Dauer	Gut 2 Stunden
Länge	7 km
Wanderkarte	Naturarena Bergisches Land Tourismus (Hg.): Bergisch Gladbach, Odenthal, Rösrath. 1 : 25.000. Wanderkarte 2 im Naturpark Bergisches Land
Gasthäuser	Hotel-Restaurant „Wißkirchen", Am Rösberg 2, 51519 Odenthal-Altenberg, Tel. 02174/67 18-0, **www.hotel-wisskirchen.de** Hotel-Restaurant „Altenberger Hof", Eugen-Heinen-Platz 7, 51519 Odenthal-Altenberg, Tel. 02174/49 70, **www.altenberger-hof.de** Gaststätte „Küchenhof", Carl-Mosterts-Straße 1, 51519 Odenthal-Altenberg, Tel. 02174/414 13, Mo Ruhetag, **www.gaststaette-kuechenhof.de** Restaurant-Café im Deutschen Märchenwald, Deutscher Märchenwald Altenberg GmbH, Märchenwaldweg 15, 51519 Odenthal-Altenberg, Tel. 02174/404 54, **www.deutscher-maerchenwald.de**
Hinweise	Freitags ist der Dom wegen Reinigungsarbeiten vormittags nicht zugänglich.
Auskunft	Stadt Odenthal, Tel. 02202/710-0
www.	www.odenthal.de www.wupsi.de www.vka-altenberg.de www.altenbergerdom.de

Wie neu: der Altenberger Dom

bei Gott. So viel zu „ora"! Nur arbeiten („labora") ließ es sich dabei schlecht. Deshalb siedelten die Zisterzienser lieber im Tal und ließen den älteren Benediktinern die Berge, Franziskus die Städte und dem Ignatius mit seinen Jesuiten die Ballungszentren. Zum Mitschreiben, sofern man der Gelehrtensprache mächtig war: Bernardus valles, montes Benedictus amavit, oppida Franciscus, magnas Ignatius urbes.

Also rechnen wir in Altenberg zu recht mit Zisterziensern. Eberhard von Berg, der Bruder Graf Adolfs, war als Mönch von Morimond hierher gekommen und hatte „Altenberg" bezogen, mons vetus, die alte Burg am Tal der Dhünn. Das war 1133. Nur wenig später gaben sie die Stammburg in der Böschung wieder auf und zogen in die Niederung der Dhünn, um der Gewohnheit ihres Ordens zu entsprechen. Doch wo ein Berg nur einen Gipfel hat, da lockt das Tal mit vielen schönen Stellen. Lange, so erzählt uns die Legende, konnten sie nicht einig werden, wo sie siedeln sollten, denn schön erschien es jedem anderswo. So wälzten sie die schwierige Entscheidung ab auf einen Esel, den sie mit Geld und den Insignien des Klosters beluden und dann talwärts trieben. Sollte der beschließen, wo sie bauen würden! Der Esel ließ sie zappeln, wie es heißt, blieb ein paarmal stehen, dass den Klosterbrüdern hinter ihm das Herz im Halse klopfte, zog dann aber weiter, vielleicht durch kurze Stoßgebete, vielleicht, wer weiß, wohl auch durch manchen gut gemeinten Steinwurf angetrieben. Erst auf einer Schotterbank am Pfengsbach, wo er sich der Dhünn ergibt, legte sich der Esel nieder. „Das ist der Bauplatz!", riefen da die Mönche. „Gott will es so!" Das Grautier fühlte sich geschmeichelt. So hatte es noch niemand angeredet. Schon wenige Jahre darauf stand hier eine romanische Klosterkirche, über deren Fundamenten von 1259 an der heutige gotische Bau errichtet wurde, das „Spectaculum Montium in Monte", das bergische Wunder im Herzogtum Berg.

Wir halten es wie einst die Mönche und machen uns am Parkplatz „Rösberg" auf den Weg. In der Böschung südlich gegenüber liegt, was von „mons vetus" übrig ist. Hier folgen wir dem blau-gelben Muschel-

Tour 4: *Nach Altenberg*

symbol des Jakobswegs unter der Straße hinweg (auch Raute), dann, vor der Zufahrt zu **Haus Altenberg**, gehen wir am „Martin-Luther-Haus" mit dem „Uferweg" halblinks, gleich vor der Brücke, und wandern so die Dhünn hinauf, knapp 200 Meter weit an ihrem rechten Ufer. Erst hier geht es nach rechts, über den kleinen Fluss hinweg, durch das barocke Tor und zwischen „Altenberger Hof" und „Torschänke", historisch korrekt, auf den weiten Domplatz, der eigentlich kein Domplatz ist, weil ja „der Dom" nur eine Klosterkirche ist und keine Kathedrale. Vor der Ecke von Haus Altenberg sehen wir das bronzene Modell der Anlage.

Haus Altenberg

Hier also beteten die Mönche. Und wovon lebten sie? Von Fisch. Fleisch und gewürzte Speisen hatte der heilige Bernhard verboten. So halten wir uns links und folgen dann an der Umfriedungsmauer um den Kirchenbau rechts dem Fahrweg „Zu den Teichen". Nomen est omen. Wo der Weg sich gabelt, bleiben wir rechts und kommen sicher unter der Umgehungsstraße her. Wir steigen jenseits weiter, mit der Straße noch bis in den Scheitelpunkt der Kurve. Hier folgen wir nun geradeaus dem „Bülsberger Weg" und wandern, wo der Fahrweg vor dem Parkplatz rechts schwenkt und zwischen den Teichen verläuft, weiter geradeaus mit den Rundwegen „A 4" bis „A 7". Dies ist nun auch der wiederholt beschilderte „Kultur- und Waldlehrpfad".

Rechts unter uns erkennen wir die Fischteiche der Zisterzienser. Hier also haben wir uns jenes Drama vorzustellen, mit dem die frommen Brüder Gottes Güte reichlich strapazierten: Einer unter ihnen soll in fleischlicher Lust eine Jungfrau geschändet haben. Die Fische waren

Lageplan in Bronze

Schneller Besuch

Zeuge, aber keiner sagte nur ein Wort. Man entschied sich für den Tod als Sühne, wenn auch den des Mädchens, nicht des Bruders, auf dass ein Ende sei mit dieser sündigen Versuchung! Die Fische kamen in die Pfanne, das Mädchen in den Teich und starb mit einem doppelten Fluch auf den Lippen: Kein großer Wissenschaftler werde jemals aus dem Kloster erwachsen, und Flammen würden es dereinst verzehren. Selbst wenn der Mord nur böswillig erfunden war: Die Flüche wirkten in der Wirklichkeit.

Am Ende der Teiche steigt der Weg in der Böschung an und bringt uns rasch in das Naturschutzgebiet des „Pfengstbachtals". Da niemand weiß, was dieser Name heißt, weiß auch niemand, wie er denn korrekt geschrieben wird. Mal wie Pfingsten, mal wie „Pengs". Die Rundwege „A 4", „A 5" und „A 6" führen linkerhand weiter hinauf, wir folgen nun allein dem Zeichen des „A 7" und den vielen Hinweispfosten, die uns von der Gemeinen Pinie über die Brombeere, die Douglasie, auch Farn und Vogelkirsche bis zur Buche, fagus sylvatica, mit allerhand von dem bekannt machen, was im Bergischen zu Hause ist. Der Bach entfernt sich dabei zwischenzeitlich immer mehr von uns. So passieren wir auch alte Pingenzüge einer Grube Alsen, in denen nach Bleierz geschürft wurde. Wir kommen mit dem alten Karrenweg über den Scheitel der Höhe und bei Details zur Stechpalme über einen Siefenlauf hinweg.

Bei dem Muster einer schönen Buche, fagus sympathica, 160 Jahre alt nach ihrem Schild, schwenkt der Weg scharf rechts (geradeaus ein Warnschild: „Sackgasse"), beschreibt eine vollständige Kehre durch eine Geländekerbe und führt in scheintotem Fichtenholz mit „A 7" hinab, auch dort, wo sich der Weg gleich gabelt. Für kurze Zeit sieht die Natur so aus wie eine Kohlezeichnung des armen, einstmals hochberühmten, unglücklichen Malers Bernhard Buffet. Unten dreht der Weg sich links und um die Höhe, bei der „Hain- oder Weißbuche" haben wir das Tal erreicht. Vorbei an Haselnuss und Schwarzerle, alnus glutinosa, kommen wir rechts auf hölzernen Bohlen durch den Sumpf und lesen aufmerksam, was es vom sommergrünen Faulbaum so zu wissen gibt: „Faul" heißt er, weil seine Rinde so riecht, ansonsten ist er eher fleißig, wenn auch giftig. Frauen färbten ihre Haare oder Tuche damit, als Tee genommen, lindert er Entzündungen, als Pulver und Tinktur genossen, wirkt er heftig abführend. Sein Holz verkohlt fast rückstandsfrei und war daher die erste Wahl zur Herstellung von Schwarzpulver, was dem kleinen Baum den zweiten Namen „Pulverholz" eintrug. Die Dhünn nur ein paar Kilometer aufwärts gab es viele Pulvermühlen, heute noch an ihren Fundamenten zu erkennen.

Das wiederum erinnert an den Kölner Weinhändler Pleunissen, eine der Heuschrecken der Napoleonischen Zeit. Der kaufte Kloster Altenberg nach der Säkularisierung 1803 für 24.415 Reichstaler und 54 Stüber. Er kannte sich als Weinhändler mit chemischen Substanzen aus und wollte in den Klosterbauten mit preußischem Berliner Blau den eigenen Opportunismus vergolden. Doch das Rheinland war schon immer antipreußisch. Womöglich hatte auch die tote Jungfrau aus dem Teich die bleiche Hand im Spiel: Jedenfalls flog Pleunissen in der Nacht des 7. November 1815 das Kloster um die Ohren.

So kommen wir über den **Pfengsbach** hinweg und über Tritte mit Handlauf hinauf. Der Querweg in der Böschung wartet hier mit einer Japanlärche auf, dazu der Frage: rechts oder links? Rechts ginge es mit dem Waldlehrpfad kurz und angenehm zurück. Links wird der Weg zur echten kleinen Wanderung. Wir wandern also mit „A 7" weiter, dem Bach entgegen. Nach 100 Metern verlässt uns Weg „A 6" hinab ins Tal. Wir steigen weiter sacht hinauf und erreichen einen Mauerrest zur Rechten an der Böschung. Hier standen, lesen wir, Wohnhaus und Stall der Spezarder, 1917 „Großspezardter", Mühle, also der Mühle im Spechts-Wald. Zum Bach hin, unterhalb, befindet sich eine kleine, dunkle Schutzhütte, vor ihr stand einst die Mühle. Das Haus war noch bewohnt bis 1955. Jetzt ist es verschwunden wie die Mühle auch. Die Steine hat man andernorts gebrauchen können.

Das gleiche Schicksal war auch für die Klosterkirche vorgesehen. Die Steine sollten beim Rhein-Maas-Kanal verwendet werden. Dann

Pfengsbach

Das berühmte Westfenster

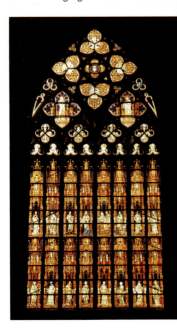

Geschliffene Vierung wendete sich für Napoleon das Glück, und die Romantiker entdeckten ihre Liebe zur „gotischen" Vergangenheit. Friedrich Wilhelm IV. von Preußen persönlich ließ sich die Rettung der Ruine angelegen sein. Fünf Jahre, nachdem er den zweiten Grundstein für den Dom zu Köln gelegt hatte, reiste er nach Altenberg, der Dom war fertig. Und weil die Preußen protestantisch waren, dient er nun beiden Konfessionen. Links des Wegs erkennen wir den alten Obergraben und sehen, dass die Mühle zwar im Tal des Pfengsbachs lag, aber nicht am Pfengsbach, der hier tiefer fließt. Rund 150 Meter weiter stehen wir auf einem Wegedreieck. Hier verlassen wir den Weg „A 7", schauen aber mit ihm noch auf den versumpften **Spezarder Mühlenteich**, der das Wasser eines Siefens staute, um die Mühle zu versorgen. Oft fiel der Siefen trocken, sodass der Müller seit 1864 kaum noch Steuern zu zahlen brauchte.

Vom Wegedreieck folgen wir dann rechts dem Weg „A 10" hinauf, entlang am eingekerbten Wasserlauf. Der Weg steigt rascher als die Sohle des Siefens. Oben stoßen wir auf einen Querweg und wandern mit ihm nach links, dem Waldrand und der freien Flur entgegen. Bei

Tour 4: *Nach Altenberg*

einer Schutzhütte erreichen wir den Fahrweg nach Bülsberg und gehen hier nun rechts, gemächlich abwärts, mit „A 7" (und „A 10") einen halben Kilometer weit.

Wer es gemächlich mag, der wandert weiter mit dem stillen Sträßchen bis ins Tal und zu den Teichen („A 7"). Wir nehmen, wo der Wald zur Linken endet und das Grünland beginnt, rechts noch einmal den „A 10" und kommen in den Wald. Der ausgefahrene Schleppweg ist morastig. Nach gut 100 Metern weisen gleich zwei Zeichen rechts, vom breiten Weg hinweg auf einen Pfad, der zügig abwärts läuft. Es geht um eine Quellmulde im Schwenk nach links herum, dann rechts des Siefens abwärts bis ins **Pfengstbachtal**. **Pfengstbachtal**

Dort folgen wir dem guten Querweg links („A 6", „A 10"), an einem Steinbruchloch vorüber, lesen, dass der Pfengstbach mit drei Quellgebieten immer Wasser führt, bewundern insgeheim den Sachverstand der Mönche oder ihres Esels und kommen bei den Teichen auf den „Bülsberger Weg". Wo wir das Tal durchqueren, steht im letzten Teich ein Reiher, der hier ungerührt im Trüben fischen möchte. Dann geht es zurück, „Zu den Teichen". Der Dom steht wie ein Edelstein im Tal, matt und glatt geschliffen, wie ein schöner Fremdkörper inmitten der Natur. Das mögen die Erbauer ebenso empfunden haben, so haben sie im Inneren den Reiz des Gegensatzes wiederholt. Denn hier ist jedes Ornament an der gestrafften gotischen Architektur, jedes Blattwerk der bergischen Heimat, eine Huldigung an die Natur ringsum. Eben „Spectaculum Montium in Monte".

Die Nibelungen an der Dhünn

Im „Taugenichts" von Eichendorff liegt Rom am Meer. In Wirklichkeit natürlich nicht. Und in der Thidreksaga fließt die Donau in den Rhein. Wie bitte? Fließt sie nicht von West nach Ost, obendrein auch ein paar hundert Meter höher als der Rhein? Mit solchen Fehlern muss der Leser leben, und wenn es dem Dichter gefällt, dann lässt er im selben Kapitel und am selben Tag die Lerchen singen (Frühjahr), die Kornfelder wogen (Sommer) und den Schnee vom Dache tröpfeln: wieder Eichendorff, und abermals der „Taugenichts".

Von solchen Fehlern aber leben auch gewisse Interpreten, die den Fehler für den rechten Maßstab nehmen und mitunter dann so lange suchen, bis sie zu den Fehlern eine neue Wirklichkeit gefunden haben. So wird das schöne alte Eifeldörfchen Juntersdorf am Neffelbach zu Gunters Dorf im Nibelungenland, Dietrich von Bern, also Verona, kommt aus Bonn, weil ein Siegel aus dem 13. Jahrhundert Bonn als (zweites) Verona benennt. Und der Weiler Virnich steht auf einmal für die Residenzstadt Worms, obwohl es Worms noch einmal gibt, und da sogar am Rhein, wie es im Nibelungenlied geschrieben steht: „Ze Wormez bî dem Rîne". Zwar ist die Thidreksaga nicht das Nibelungenlied, doch seine Fehler, vielmehr deren „Richtigstellung", mag man gerne für das Ganze übernehmen.

So trat Heinz Ritter, ein ernsthafter Privatgelehrter, 1981 auf mit seinem Buch „Die Nibelungen zogen nordwärts", um, neben anderem, die Fachwelt zu verblüffen mit dem kühnen Satz, die „Donau" sei in Wirklichkeit die Dhünn. Die fließt zwar heute in die Wupper, aber noch vor 150 Jahren ist sie tatsächlich in den Rhein geflossen, und just an dieser Stelle hat der Rhein auch eine Furt, die immer noch so benannt wird: Manford, eins der Dörfer, die nun Leverkusen heißen. Nun ist im Nibelungenlied an diesem Ort des Nibelungenzugs zu König Etzel von keiner Furt die Rede, sondern, ganz im Gegenteil, von einer Fähre – und wer versuchte wohl sein Glück mit einer Fähre, wenn da fast eine Brücke wäre, eine Furt zumindest? Hagen hat im 25. Kapitel jedenfalls die größte Mühe, erst den Fährmann totzuschlagen, dann eintausend Ritter, ungezählte weitere und obendrein neuntausend Knappen mit dem Fährkahn überzusetzen – ganz zu schweigen vom Kaplan, den er ins Wasser wirft, dass er ertrinke, um die Vorsehung zu widerlegen. In der Furt?

Der Kaplan ist nicht ertrunken, und auch Ritters Thesen dümpeln immer noch im Ozean der Überlieferungsgeschichte. Auch andere suchen lieber auf der Landkarte nach den Schauplätzen des Nibelun-

Die Dhünn, nicht die Donau

genärgers als im Nibelungenlied und ignorieren viele Orte, nur um andere als Lösung aus dem Hut zu zaubern. Das ist Aschenputtel-Forschung nach dem oft befolgten Motto: Die guten Belege ins Töpfchen, die schlechten ins Kröpfchen.

Es gibt auch in der seriösen Forschung noch allerhand zu klären: Wenn man von Worms aus den Rhein überquert, um auf die Jagd zu gehen, wie im Nibelungenlied erzählt wird, dann kommt man in den Odenwald, nicht in die Vogesen, in den „Waskenwald". Aber beides ist doch Worms weit näher als das Eifelvorland. Dort aber hört man solche „Forschungen" wohl gerne. Denn „Nibelungenstadt" zu sein: das wäre unbedingt, vor jeder Prüfung schon, ein Marketinggewinn. Noch eine deutsche Nibelungenstraße: von Soest nach Manford an die Dhünn und weiter bis nach Juntersdorf und Zülpich. Das wäre ein Tourismus-Knüller nicht nur für das Sommerloch.

Doch gerade Zülpich dürfte vorsichtig geworden sein. Denn die berühmte Schlacht bei Zülpich, nämlich „apud Tulbiacensium oppidum", als Chlodwig alle Alemannen schlug, 496 nach Christus, fand vielleicht tatsächlich ganz woanders statt, im Elsass beispielsweise, wo die Alemannen heimisch waren.

Tour 5

Von Hexen und Hühnern
Von Odenthal hinauf

Odenthal, das schmucke Örtchen an der Dhünn aus 32 Dörfern, nennt sich selbst das „A und O des Bergischen" und die „Wiege des Bergischen Landes": wegen der Stammburg der Grafen von Berg. Doch die lag in Altenberg, wie schon der Name sagt, und zwar zu einer Zeit, als Altenberg noch nicht zu Odenthal gehörte. Dann wurde Odenthal im 17. Jahrhundert zu „Hexen-Odenthal". Elf Jahre reichten aus und elf Prozesse gegen sogenannte „Hexen", auf dass man andernorts sich einen Reim drauf machte: „Sie breeten zu Ohnder / die Hexen wie Hohnder."

Am Ende holte man die Hexe, so selbstbewusst wie selbstironisch, als Wetterfahne auf das Rathaus und versuchte es mit einem dritten Slogan: „Tor zum Bergischen Land". In Osenau, und mitten auf dem Kreisverkehr, steht dieses „Tor" – aufgestellt aus ehrgeiziger Grauwacke und guten Vorsätzen, doch wieder ging was schief. „Stonehenge

Kurzbeschreibung

Anfahrt	Über Bergisch Gladbach-Schildgen oder Leverkusen-Schlebusch, Parkmöglichkeiten im Ort (am besten „Dorfstraße" neben der Dhünn, kostenfrei am Schulzentrum im Süden des Orts). Navigation-Eingabe: 51519 Odenthal, Bergisch-Gladbacher-Straße 4 S 11 bis Bergisch Gladbach, Bus 430 oder 432
Dauer	Ca. 2 Stunden
Länge	4,5 km
Wanderkarte	Naturarena Bergisches Land Tourismus (Hg.): Bergisch Gladbach, Odenthal, Rösrath. 1 : 25.000, Wanderkarte 2 im Naturpark Bergisches Land
Gasthäuser	Hotel-Restaurant „Zur Post", Altenberger-Dom-Straße 23, 51519 Odenthal, Tel. 02202/97 77 80, www.hotel-restaurant-zur-post.de Restaurant „Herzogenhof", Altenberger-Dom-Straße 36, 51519 Odenthal, Tel. 02202/70 91 45, www.herzogenhof.de
Auskunft	Stadt Odenthal, Tel. 02202/710-0
www.	www.odenthal.de www.wupsi.de

Tour 5: Von Odenthal hinauf

an der Dhünn": So lautete das öffentliche Echo. Und die politisch korrekte Wildgraswiese um die Stelen herum hätte aus Odenthal um ein Haar ein bergisches Schilda gemacht. Denn vor dem Festakt zur Eröffnung kam in der Nacht ein unbekannter Sensenmann und hobelte die Wiese weg. Niemand wusste: War das Mundraub für Karnickel oder allzu enger Ordnungssinn? Inzwischen ist buchstäblich Gras über den Zwischenfall gewachsen, und auch der Kreisel steht wie eine Bauernwiese da.

Trotz seiner beiden übergroßen Automobilverteiler ist Odenthal, auch ohne Altenberg, höchst sehenswert, ein bauliches Kleinod im Tal, ein schmuckes Örtchen für die Spielzeugeisenbahn im Maßstab 1:1, vor allem eine Rarität mit

Küsterhaus Odenthal

einer der ältesten Kirchen im Lande: Fast aus der Zeit, als hier ein Franke namens Udo den Sumpf im Dhünntal für die Besiedlung trockenlegte, was ihm die Überlieferung mit einem Siedlungsnamen dankte: Udindarre – „eine verunglückte Verhochdeutschung", so der Heimatforscher Johann Bendel, machte daraus „Odenthal".

Die schöne Kirche heben wir uns für die Rückkehr auf. Vorerst interessiert uns hinter ihr der **„Hexenbrunnen"** des Bildhauers Walter Jansen, der 1988 auf dem „Hans-Klein-Platz" zwischen Kirchturm und der Dhünn errichtet worden ist, um jener Odenthalerinnen wie Scheuers Tring zu gedenken, die wegen ihrer Hexenkünste rund um einen solchen Kessel („Schmierpott") hingerichtet wurden, jene Katharina Güschen, wie sie amtlich hieß, als letzte 1613. Fünf Fabelwesen tragen den Pott, dessen Wasser wallend den finalen Werdegang der Hexen auf dem Rand verschleiert: vom Hexenwirken übers Halsgericht mit Folterzangen, Streckbett bis ins Feuer. Die Tafel daneben aber übt sich in derselben Darstellung in Schwarz und Weiß, die damals galt, wenn sie die Hexe zur „heilkundigen Frau" verklärt. Warum sollten ausgerechnet die „Hexen" vom endemischen Verfolgungs-Wahn ihrer Epoche auszunehmen sein?

Hexenbrunnen

Hier, zwischen Drudenfuß und Sankt Pankratius, machen wir uns auf den Weg. Wir wandern mit der Dhünn hinab, vorüber an der Polizei und dann zum **weißen Rathaus** von 1873 am Kreisverkehr. Hier überqueren wir die Straße vor dem „Herzogenhof", wo einst vielleicht der Herrenhof des Grafen Udo stand. Dann folgen wir der „Bergisch Gladbacher Straße" bis hinter das schöne Fachwerkhaus Nr. 5 und nehmen links die stille Straße „Herzogenfeld". Jenseits des Sträßchens „Kleiner Kamp" kommen wir in den Wald und mit den Wegen „A 2" und „A 3" links und gleich bergauf. Der schmale asphaltierte Weg führt uns oben an den Friedhof. Vor der Straße halten wir uns links bis an das Ende des Wanderparkplatzes, dann gehen wir jenseits der Straße zwischen Streuobstweiden mit der befestigten Zufahrt hinunter nach Selbach („A 2", „A 3").

weißes Rathaus

Der Weg taucht durch die Mulde des Siefens und führt dann zwischen Mist und schönem Fachwerk wieder hinauf. Bei dem nächsten Wohnhaus knickt die Fahrspur rechts, doch unser Pfad („A 2", „A 3") führt kaum erkennbar weiter geradeaus, hart am Rand der Quellmulde, die neben uns von Fichten gesäumt ist. Rechts neben uns die Böschung mit dem Weidezaun. Wo dann die Lichtung mit der Weidefläche endet, knickt unser Pfad („A 2", „A 3") im spitzen Winkel rechts und läuft nun schön am Oberrand des Weidelands entlang. Nach etwa 100 Metern geht es dann im sachten Bogen in den Wald (nicht spitzwinklig nach links, wo auch ein Weg verläuft!), und wir wandern weiter mit dem gut markierten Weg hinauf. Nach knapp 200 Metern geht es deutlich links und weiter sacht hinauf. Im Rechtsschwenk dann

Strauweiler

Tour 5: *Von Odenthal hinauf*

"Schmierpott"

nach rund 300 Metern vereinigt sich der Wanderweg mit jenem, den wir unten ignoriert haben, und wir erreichen auf der flachen Höhe die **Hofstatt Oberkirsbach**. Wo uns der Name einen Kirschbaum verspricht, hält das Wohnhaus einen Nussbaum, altes Fachwerk und den Traum vom Leben auf dem Land als Wirklichkeit: ein Häuschen für den Brunnen mit Hortensien, ein alter Backes gleich daneben, dazu der wunderbare Blick – Voiswinkel gegenüber, in der Ferne Köln mit Hochhäusern, Kirchen und Schloten, dem Dom im Dunst und dem Fernmeldeturm.

Hofstatt Oberkirsbach

Hier verlassen wir vorübergehend den markierten Wanderweg. Wir gehen mit dem Fahrweg links, 250 Meter weit und sacht hinauf, bis uns der gut markierte Weg „A 2" erneut entgegenkommt. Mit ihm wenden wir uns nun nach links, kreuzen die Schneise der Ferngasleitung und folgen ihm lange Zeit am Rande der Geländekerbe, sacht hinab. Der Buchenhochwald geht in Fichten über, wir wandern vorbei an Birken, Ebereschen, Brombeerhecken, am Ende nur durch braunes Fichtenholz und immer noch bergab.

Nach einem leichten Linksschwenk erreichen wir endlich die Kreisstraße nach Scheuren. Rund 70 Meter folgen wir ihr nach links. Dann gibt es gegenüber eine Lücke im Waldrand, und unser Weg „A 2" führt hier als feingestreuter Pfad hinab, um gleich darauf im Knick nach links der Straße abermals zu folgen bis an den Rand der freien Flur. Dort schwenkt er rechts und bringt uns im weiten Bogen durch den Wald hinab bis an das breite Tal der Dhünn.

Strauweiler Schloss Unten kommen wir bei einer rot-weißen Eisenschranke zum Wald hinaus und auf eine Lindenallee, die auch so heißt. Rechts führt ein asphaltierter Weg bis an das Tor des **Strauweiler Schlosses**. Der leuchtend gelb verputzte Rittersitz, 1395 den Rittern von Quade zum Lehen gegeben, ist in vielem noch so erhalten, wie ihn die Jahrhunderte gesehen haben. Selbst die Einstiegsluke ins Verlies ist noch am alten Platz. Der Wohnturm, von vier Rapunzeltürmen gekrönt, geht vermutlich bis auf das 14. Jahrhundert zurück, denn 1416, anlässlich ihrer Zerstörung, wird die Anlage bereits erwähnt.

Wie seit Jahrhunderten ist das Schloss noch immer privater Besitz. Hausherr sind die Prinzen zu Sayn-Wittgenstein-Berleburg. Wir wandern zurück und dann auf der Platanenallee halbrechts bis zur „Lindenallee" nahe der Straße. Mit der Landstraße nach links, am Pfarrhaus und an der verschieferten **Marienkapelle** von 1697 vorüber, kommen wir geradewegs auf die romanische Apsis der Pfarrkirche zu. Mit der „Dorfstraße" schon vorher rechts erreichen wir das schöne Fachwerkensemble unter dem Turm, wir nehmen zuletzt den Weg durch den Durchlass im alten Küsterhaus und erreichen den Kirchhof mit dem schönen Farbkontrast von dunkler Blutbuche und majestätisch großer, heller Esche über der Kreuzigungsgruppe.

St. Pankratius ist äußerlich ein kleines Abbild ihrer Stiftskirche zu Kaiserswerth. Ein seltenes Prunkstück des Inneren ist der Taufstein des 12. Jahrhunderts. Der größte Stolz von Odenthal hängt aber gut und gerne 20 Meter höher, den Blicken entzogen und nicht einmal zu hö-

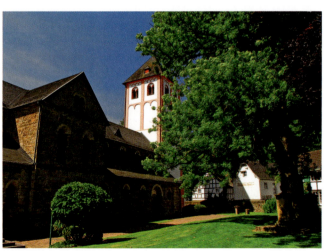

Sankt Pankratius in Odenthal

Tour 5: *Von Odenthal hinauf*

ren. Die älteste Glocke im Turm ist vielleicht noch älter als die Kirche selber, eine der ältesten am Rhein und wohl auch eine der ältesten der ganzen Welt.

Einmal haben wir sie, vor Jahrzehnten, hoch im Dach in schwindelnder Enge besucht: Alt waren alle vier, doch die älteste war auch für Laien zu erkennen an der Form des Bienenkorbs. Sie stammt aus dem 11. Jahrhundert und könnte ein paar Jahre älter sein als ihre Kirche. Knapp eine Tonne ist sie schwer und, wie man früher wusste, ganz aus Gold.

Vermutlich wussten das die Kölner auch: Sie sollen der Gemeinde einmal angeboten haben, den Weg von Odenthal bis Köln mit silbernen Talern zu pflastern, wenn sie dafür die Glocke bekämen. Aber sie kriegten sie nicht.

Für unsereins zu Fuß

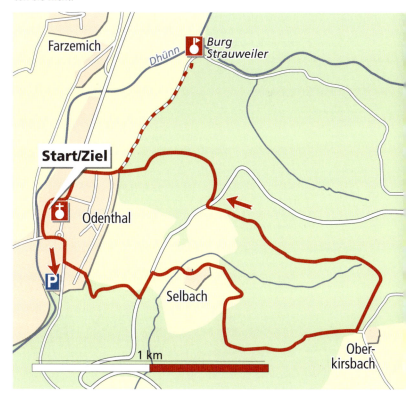

Tour 6

Segensreiche Quellen
Rund um Herrenstrunden

Kleinvieh macht auch Mist, und auch Zwergenkühe fressen Gras wie Heu. So dachte sich der Müller auf dem Berg zu Spitze. Nach dem Motto: Eine Kuh macht Muh, viele Kühe machen Mühe, packte ihn der Zorn tagtäglich, wenn er an die kleinen Kühe dachte, die ihm die Zwerge aus der „Quergskuhl", der Zwergengrube tief im Tal bei Herrenstrunden, täglich auf die Weide trieben, wo schon seine Kühe ihm die Haare vom Kopf fraßen. Deshalb, als ihm eines Tages eine der niedlichen Kühe zu nahe kam, schlug er mit dem Knüppel auf das Tierchen ein. Nach einer anderen Erzählung soll er das Tier auch gera-

Kurzbeschreibung

Anfahrt	Über Bergisch Gladbach L 286 in Richtung Kürten oder A 4 bis AS Moitzfeld, über Herkenrath bis Spitze und links (L 286) hinab nach Herrenstrunden. Parkplatz gegenüber der Malteser Komturei. Navigations-Eingabe: 51465 Bergisch Gladbach, Herrenstrunden S 11 bis Bergisch Gladbach, Bus 426, 427 oder 429 bis Herrenstrunden
Dauer	2 Stunden
Länge	5,2 km
Wanderkarte	Naturarena Bergisches Land Tourismus (Hg.): Bergisch Gladbach, Odenthal, Rösrath. 1 : 25.000, Wanderkarte 2 im Naturpark Bergisches Land
Gasthäuser	Hotel „Malteser Komturei", Herrenstrunden 23, 51465 Bergisch Gladbach, Tel. 02202/95 97 80, Mo Ruhetag, **www.malteser-komturei.de** Restaurant „Dröppelminna", Herrenstrunden 3, 51465 Bergisch Gladbach, Tel. 02202/325 28, Mo/Di Ruhetage **www.web2.consulting1x1.info**
Hinweise	Unter dem Namen „Strunde Island" lockt das denkmalgeschützte Alte Freibad von Herrenstrunden mit Biergarten, Beach Volleyball und Liegewiese: Altes Freibad „Strunde Island", Kürtener Straße 339, 51465 Bergisch Gladbach-Herrenstrunden, Tel. 02202/964 91 04 **www.strundeisland.de** Am Rand der Wegstrecke liegt am westlichen Ortsausgang Gut Schiff mit Hofladen, **www.gut-schiff.com**
Auskunft	Stadt Bergisch Gladbach, Tel. 02202/14-0
www.	www.bergischgladbach.de www.herrenstrunden.com

Tour 6: *Rund um Herrenstrunden*

Burg Zweiffel

dewegs erschossen haben wie einst Wilhelm Tell den Landvogt, mit der Armbrust. Die Milch der frommen Denkungsart war das gewiss nicht. Da verwünschte ihn das Zwergenweiblein, dem die Kuh gehörte: „Schießt du mein Kühlein, die Brung, / soll springen der Bach dort zu Strung." Noch in derselben Nacht wanderten die Zwerge aus, der Müller aber lernte die Lektion des Hexenweibs zu spät: Alle Räder stehen still, wenn dein starker Arm es will. Der Spitzer Mühlbach war versiegt, erst unten in Herrenstrunden sprang das Wasser wieder aus dem Berg.

Dann kamen die Johanniter, denen der Erzbischof Engelbert von Berg einiges an Land gestiftet hatte, und bauten im Bereich der Quelle eine Komturei, die Komturei der Herren Strune, zu der 27 Güter im weiteren Umkreis gehörten, dazu eine Kapelle für den Orden, seit 1955 die heutige **Pfarrkirche St. Johann Baptist** von Herrenstrunden. Hier soll unser Rundweg durch das Tal der Strunde und über die Höhe beginnen. Doch unser erster Gang gehört der Quelle: Auf der Hangseite des Parkplatzes folgen wir dem Wanderweg 9 mit der Raute nordostwärts, kommen gleich an die Strunde heran, die hier, kurz vor der Straße, zu einem flachen Tümpel gestaut ist, und wandern dann bachaufwärts weiter bis an die eigentliche Quelle. Das Becken ist halbrund in Stein gefasst, und nur mit Mühe lesen wir die alte Inschrift: „Spru-

Pfarrkirche St. Johann Baptist

Strunder Quelle

delt, Segen bringende Quellen, die ihr speiset die fleißige Strunde."
Ihr Fleiß ist sprichwörtlich geworden: Vinzenz Jakob von Zuccalmaglio, der sich als bergischer Heimatdichter „Montanus" nannte, rühmte sie als den fleißigsten Bach Deutschlands, 35 Mühlen zählt ihr Biograf Frank Schule („Die Mühlen der Strunde", 1979), am Wasser aufgereiht auf 20 Kilometern. Seit dem 13. Jahrhundert hatte das Flüsschen zu tun, trieb Pulver- und Getreidemühlen, mahlte Gips und Tabak und half beim Spinnen und beim Sägen. Heute mündet sie in Buchheim in ein Rohr, früher aber wuchs einmal ein ganzes Dorf an ihrer Kraft: Mülheim. Am meisten haben ihr wohl die Papiermühlen in Bergisch Gladbach zu danken, darunter die von J. W. Zanders, die ihr 1956 diesen Stein gespendet hat. So wie der Stein das Wasser halbrund fasst, so schließt sich auch die hohe Böschung halbrund um die Karstquelle,

Strunde von hohen Buchen überragt. Wir sehen, dass die **Strunde** wirklich aus dem Boden „sprudelt" oder strudelt, und eben davon hat sie ihren Namen. Wir sehen aber auch, dass dieses Becken nicht die „eigentliche" Quelle ist, denn wir bemerken neben ihr den dünnen Lauf eines Gewässers, das andernorts dem Kalk entsprungen ist, so wie rechts, zur Böschung hin, auch ein Zustrom in das kleine Becken zu erkennen ist.

Zurück am Parkplatz, wandern wir nun anfangs mit der Raute längs der Straße an der Komturei, die heute ein Reiterhof ist, vorüber und an der kleinen Pfarrkirche, bis uns das Wanderzeichen in den „Malteserweg" nach rechts verlässt. Nur ein paar Meter weiter biegen wir dann an der Bushaltestelle links in den „Trotzenburger Weg" ein,

Tour 6: *Rund um Herrenstrunden*

der nach etwa 100 Metern an den letzten Häusern leicht nach links schwenkt und, für den Verkehr gesperrt, eingekerbt im Wald nach oben führt (in Gegenrichtung als „A 4" markiert). Nach einem halben Kilometer, bei einem alten Stein von 1603, geht es neben einer Sitzgruppe zum Wald hinaus und weiter durch die freie Flur bergauf. Oben wandern wir durch die Hofstatt Trotzenburg hindurch mit Gänsen am Tümpel zur Rechten und Pferden links.

Hinter der nächsten Biegung stoßen wir vor Spitze auf die Höhenstraße („Bensberger Straße") mit dem Wanderweg 4 (Winkel, der Weg ist auch mit Dreieck und Kreissymbol markiert). Ihm folgen wir ein Stück nach rechts bis an den Rand des Ortsteils Trotzenburg. Schon 40 Meter hinter dem Waldrand verlassen wir dann die Straße und biegen rechts in den uralten Feldweg ein, der uns geradewegs auf die Kirchturmspitze von Herkenrath zu führt, mit sachter Steigung durch die Saaten, dann über die Höhe hinweg und dem Tal entgegen (Winkel). Wo das Ackerland in Weideland übergeht, ist das Gelände steiler, und der Weg führt nun in Kehren abwärts bis auf die Straße „Asselborner Weg".

Hier folgen wir ein kleines Stück der Straße, gehen rechts, noch durch die Doppelkehre, und erreichen dann im Tal die schöne alte **„Asselborner Mühle"** von 1848. Schon 1850 war sie daneben ein Gasthaus. Ein Ritter Giselbert von Astelburne ist der erste nachgewiesene Anlieger, erwähnt auf einer Urkunde des Jahres 1294. Sein Asselborner Hof hat wie der Ritter seinen Namen nach dem Bach, dem Born, und Zwerge geärgert hat niemand hier, wie man am Bach erkennt.

Asselborner Mühle

Malteser Komturei

Malteser Mühle

Nun folgen wir dem „Asselborner Weg" noch insgesamt 600 Meter weit und durch den Ortsteil Asselborner Hof. Am jenseitigen Ortsrand steigen wir in der Böschung rechts mit dem markierten Pfad (Dreieck), überwinden die Höhe und folgen links dann den Anwohnerstraßen „Schifferberg" und „Portzenbusch" hinab nach Herrenstrunden. Der Berg liegt oberhalb Gut Schiff und hat von daher seinen Namen, nicht nach der christlichen Seefahrt zu Berge. Und den Busch gleich vor dem Stadttor stellen wir uns ohne Mühe vor: Denn wo nun der markierte Wanderweg gleich mit der „Strunder Delle" links verliefe, gehen wir stattdessen gegenüber durch das wiederhergestellte

Herkenrather Tor

„Herkenrather Tor" der alten Stadtbefestigung von Herrenstrunden. Das weiße Tor aus dem 13. Jahrhundert führt uns in das Fachwerk-Innere des alten Hofguts von Burg Strune, das in der Gestalt des 17. Jahrhunderts, und nun schon als Burg Zweiffel, imposant in leuchtendem Gelb vor uns liegt.

1848 wurde diese einheitliche Anlage zerstört, nicht triumphal durch die Revolution, sondern durch den Straßenbau. Für die neue Trasse der Provinzialstraße wurden die Weiher und die Wassergräben zugeschüttet, was im Wege stand, planiert, als sei dies alles so gemeint gewesen wie im Vers von Brecht: „Was an dir Berg war / haben sie geschleift / und dein Tal / schüttete man zu / über dich führt / ein bequemer Weg." Es ist der Weg nach Wipperfürth.

Tour 6: *Rund um Herrenstrunden*

Rechts ginge es sogleich zurück zum Ausgangspunkt, vorüber an dem urigen Fachwerk-Restaurant „Dröppelminna". Wir aber widmen auch die letzten Meter noch einmal der Strunde, gehen halblinks und am alten Turm der Burg vorüber, der im Umbau einen neuen Helm bekommen hat. Vorbei am kleinen Parkplatz, wandern wir neben dem „Bücheler Weg" und dann am Burgweiher entlang, gleich, ob links um ihn herum oder rechts. Natürlich gab es auch hier einmal eine Mühle, „Zwievels Schleifmüll". Vom Weiher folgen wir dem kleinen Fußweg durch die Wiese, vorüber an der rundum blickdicht eingezäunten, riedgedeckten **Malteser Mühle**, dem ersten Kraftakt der Strunde, schlappe 160 Meter unterhalb der Quelle, und erreichen dann mit dem „Malteserweg" die Kirche, die Komturei und den Parkplatz vor der Quelle.

Malteser Mühle

Eine Schlange, so heißt es in der Sage, soll noch immer in der Strunder Quelle leben, ein Fabelwesen mit einer goldenen Krone, das einst ein armes Kind mit einem Edelstein beschenkte, weil es seinen Brei mit ihm geteilt hatte. Den Sohn des Junkers von der Dombach aber, der ihr die Krone stehlen wollte, riss sie für immer in die Tiefe.

Liegt in dieser Sage nicht die bürgerliche Lebensweisheit der Strunder Müller verborgen! Feudale Willkür führt auf geradem Wege ins Verderben: Das ist die Botschaft der Schlange, die natürlich die Strunde selber ist. Wie man weiterkommt mit Fleiß: Das hat sie ihre Anrainer schon früh gelehrt. Und auch dazu passt ein Wort von Brecht: „Damit Ihr wenigstens in der Oper seht, dass einmal Gnade vor Recht ergeht." Die Botschaft der Schlange bleibt – Literatur!

Tour 7

Des Kaisers Bach
Nach Bensberg ins Milchborntal

Als Goethe 1774 von Düsseldorf ins Schloss nach Bensberg kam, merkte er sich für die Memoiren nur den fabelhaften Blick und einige Details der Innenausstattung. Dabei hatte Johann Wilhelm II., der Bergische Herzog „Jan Wellem" von Jülich und Berg und Kurfürst von der Pfalz mit dem Bau nach 1703 arg nach Versailles geschielt, um seiner Frau zu imponieren. Auch Goethes Begleiter Jacobi war von der Lage mit dem Blick von Bonn bis Düsseldorf weit mehr begeistert als vom Schloss: „Ich glaube, dass die Götter dann und wann auf einer silber-

Kurzbeschreibung

Anfahrt	Von der L 288 (Bensberg – Bergisch Gladbach) mit Straße „Am Milchbornbach" ins Milchborntal (begrenzte Zahl von Parkplätzen) oder weiter bis zum Parkplatz am Schwimmbad im Milchborntal und dort beginnen. Navigation-Eingabe: 51429 Bergisch Gladbach, Am Milchbornbach 50 Mit der Straßenbahn-Linie 1 zur Endhaltestelle und mit diversen Bussen Richtung Bergisch Gladbach bis Haltestelle „Milchborntal" (oder umgekehrt mit S 11 bis Bergisch Gladbach und entsprechend mit Bussen Richtung Bensberg. Durch die Straße „Am Milchbornbach" zum Start.
Dauer	2 Stunden
Länge	5 km
Wanderkarte	Naturarena Bergisches Land Tourismus (Hg.): Bergisch Gladbach, Odenthal, Rösrath. 1 : 25.000, Wanderkarte 2 im Naturpark Bergisches Land
Gasthäuser	Naturfreundehaus Hardt, Hardt 44, 51429 Bergisch Gladbach, Tel. 02204/86 75 58, www.haus-hardt.de Waldhotel „Mangold", Am Milchbornbach 39, 51429 Bergisch Gladbach, Tel. 02204/955 50, Mo Ruhetag, www.waldhotel.de Am Kaisersch Baach, Gladbacher Straße 72, 51429 Bergisch Gladbach, Tel. 02204/91 66 14, Mo Ruhetag, www.kaisers-bach.de Einzigartig in Deutschland: Zwei Drei-Sterne-Restaurants in einem Abstand von zwei Kilometern! Vendôme (Joachim Wissler), Kadettenstraße, 51429 Bergisch Gladbach Tel. 02204/42-0, www.schlossbensberg.com Gourmetrestaurant Lerbach (Nils Henkel), Lerbacher Weg, 51465 Bergisch Gladbach, Tel. 02202/204-0, www.schlosshotel-lerbach.com
Auskunft	Stadt Bergisch Gladbach, Tel. 02202/14-0
www.	www.bergischgladbach.de www.cafe-kroppenberg.de

Tour 7: *Nach Bensberg ins Milchborntal*

Kölnpfad

nen Wolke so ihren Nektar trinken und die Hälfte der Erde übersehen!" Das Schloss war diesem Zweck noch nie so nah wie heute, zieht man die Götter und den Nektar ab: Seit dem Jahr 2000 ist Schloss Bensberg Luxushotel mit Gourmetrestaurant, die halbe Doppelspitze der deutschen Sterne-Gastronomie, denn am anderen Ende des Wegs, zwei Kilometer Luftlinie entfernt vom Schloss, wartet Haus Lerbach. Als Goethe Schloss Bensberg bestaunte, stand es leer, das größte Barockschloss der Rheinlande, bewacht von einer kleinen Reiterkompanie. Jan Wellem, sein Erbauer, hat es nie gesehen, und Jagdgesellschaften zumindest sind hier niemals abgehalten worden. Bis zur Hoteleröffnung war der schöne Bau nur öffentlich umbauter Raum. Bei seiner ersten Nutzung, 1793, war es Lazarett, allenfalls ein schöner Rahmen für eine hässliche Sterbequote. Und der schöne Hardtwald ist ein reich bestellter Totenacker.

Hier machen wir uns auf den Weg. Gleich neben dem „Waldhotel Mangold" folgen wir dem Sträßchen „Am Milchbornbach" über den nämlichen Bach. Schon in der Biegung dann verlassen wir die Straße und steigen in der Böschung auf (Winkel). Bei einem Wegekreuz mit Wanderwegetafel halten wir uns geradeaus (Winkel und „N") und kommen mit einem Pfad sacht bergan. Beim Steigen sehen wir gleich einen Weg zur Rechten (es gibt in diesem Teil der **Hardt** tatsächlich viel **Hardt** zu viele Wege!), folgen aber unseren Zeichen, bis sie uns nur wenig später bei einer Abzweigung nach rechts (zum Naturfreundehaus Hardt) dann doch auf diesen breiteren Weg führen. (Wer vom großen

"errichtet 1854"

Parkplatz am Waldstadion losgewandert ist, kommt über diesen Weg.)

Kölnpfad Das ist nun auch der **Kölnpfad**, durch einen weißen Kreis auf schwarzem Grund markiert.

Wir gehen mit ihm weiter, gleich an der Abzweigung des Wegs „A 2" nach rechts vorüber und finden direkt dahinter, auf der linken Seite, einen kleinen schmiedeeisern eingezäunten Friedhof für Napoleons Soldaten, tatsächlich nur das Denkmal eines Friedhofs, denn bis zu 3.000 Soldaten sollen hier in Massengräbern beerdigt worden sein: Sie waren dem russischen Winter entkommen, nun starben sie im Lazarett im Schloss zu Bensberg. 1861 stiftete ein Landsmann („Compatriote") mit dem deutschen Namen Müller ihnen dieses Eisenkreuz. „Aux soldats français enterrés ici en 1813."

Am Kreuz vorüber, geht es 250 Meter mit dem Kölnpfad durch den Wald, zuletzt im Schwenk nach links an eine Wegespinne. Unser Weg folgt gleich der ersten Möglichkeit nach rechts. Doch vorher halten wir uns links und kommen so nach einem kurzen Abstecher an einen eingefassten Weg und einen zweiten Friedhof in der Hardt. Diesmal ist das Kreuz aus Sandstein, ein Werk des Dombaumeisters Schmidt: „Ruhestaette österreichischer Krieger 1794" steht auf der einen Seite, auf der anderen: „Errichtet 1854, Franz Joseph, Kaiser von Österreich". Der Heimatforscher Johann Bendel hat hier früh im 20. Jahrhundert noch ein zweites Schild gelesen: „1794. Hier ruhen 3000 tapfere österreichische Krieger. 1894." Sie hatten im ersten Koalitionskrieg des alten Europas die Truppen der Revolution in Frankreich schlagen wollen und waren krank und aufgelöst zurückgekehrt. Aus diesem Anlass

Tour 7: *Nach Bensberg ins Milchborntal*

hatte man das Schloss schon 1793 in ein Lazarett der kaiserlichen Truppen und ihrer Mitstreiter verwandelt. Die Möbel waren bereits verteilt auf andere Besitzungen, von nun an wurde das Schloss im Inneren aus reiner Not zerstört. Was brennbar war – Fußböden, Holzvertäfelungen –, das wanderte durch den Kamin. Die Sterblichkeit war hoch, und am schlimmsten wütete der Typhus. Und wieder stellt sich uns im Wald die Frage: Wie viele Gräben, und von welcher Länge, braucht man, um 3.000 Tote zu entsorgen?

Zurück zum Fünfweg, halten wir uns wieder an das Kreissymbol des Kölnpfads und wandern weiter, sacht bergan. Nach einem Viertelkilometer vereinigt sich der Weg mit einem weiteren von rechts und läuft nun links und weiter durch den Wald („N" und „A 2").

Es geht vorbei am eingezäunten Grundstück „Knoppenbissen" und weiter durch den Wald, im sachten Schwenk nach rechts hinab, hinweg über den **Scheidbach** und links erneut hinauf. Vorüber an der Abzweigung des Wanderwegs 13 (Winkel), nehmen wir rund 150 Meter weiter den Pfad des „N" nach rechts oder gleich darauf den breiten Weg des Kölnpfads, ebenfalls nach rechts, und wandern nun, weil auch Weg „N" gleich wieder auf den Kölnpfad stößt, lange, stetig steigend, auf den Rücken einer Höhe.

Scheidbach

So erreichen wir an einem großen Wegedreieck das **Naturfreundehaus Hardt**, Einkehrmöglichkeit und Wanderknotenpunkt auf der Höhe der Hardt. Das Haus aus geweißtem Ziegelstein war bei seinem Bau um 1850 das Steigerhaus der Grube Blücher, die bis 1893 in Betrieb war und wo in insgesamt 13 Grubenfeldern bis zu 280 Arbeiter die Erze, Zink, Blei und Kupfer, aus dem Boden holten, auch das teure Quecksilber. Man braucht nur dem Kölnpfad von der Eiche ein paar Meter nach links, hinab, zu folgen, und man findet Pingen, Abraumhalden, Einbruchstrichter über alten Löchern. Das Wasser, das uns dort begegnet, ist rot vom oxidierten Eisenerz.

Naturfreundehaus Hardt

Wir verlassen nun den Kölnpfad und wandern mit den Zeichen „N" und dem Andreaskreuz an einer Buche rechts. Das Kreissymbol am Parkplatz ist nicht der Kölnpfad: Das gehört dem TV Herkenrath. Hier gehen wir rechts mit der asphaltierten Zufahrtsstraße zu Haus Hardt. Oben, bei der achteckigen Schutzhütte im Wald („Hardtknippen"), verlässt die Zufahrt uns nach links. Wir überqueren geradewegs den asphaltierten Weg und folgen bei der Gabelung halbrechts dann Weg „N" und weiter dem Neandertalweg 30 („X") in die Tiefe. In einer Delle mit Windwurf wird der Weg zum schmalen Pfad, kurz

61

Weg in der Hardt

darauf erreichen wir das Tal des Milchbornbachs und einen breiten Querweg, der dem Bachlauf folgt. Seit einer Truppen-Inspektion des Kaisers 1906 war man in Bensberg royalistisch-raderdoll und nannte das Gewässer „Kaisersch Baach".

Bis 1832 hatte das Schloss als Lazarett gedient, zuletzt für Augenkranke. Dann wurde es auf Vordermann gebracht und diente fortan als Kadettenanstalt, von 1840 bis 1918. Jedermann in Bensberg weiß, dass zur Ertüchtigung der jungen Burschen der Milchbornbach zu Kaisers Zeiten abgeriegelt wurde, und so glaubt auch jeder gern, das Wasser vor uns sei dieser „Kadettenweiher". Doch der Kadettenweiher ist das Sumpfloch unterhalb. Dies hier, so die Kenner, ist der **„Jungfrauenweiher"**, ein schöner Angelteich am Fuß der Böschung. Nach dem festen Willen der Verwaltung soll er aber bald so aussehen wie der verschwundene Kadettenweiher: Nach einer neuen DIN-Verordnung genügt dem Teich die wohlvertraute Evidenz des bloßen Daseins nicht, um seine Existenz auch zu begründen, genauer: die Berechtigung der Existenz. Die neue DIN-Verordnung 19700 verlangt nach einer Untersuchung des Damms, der einst aus Abraummaterialien des Bergbaus aufgeschichtet wurde. Und da weder die Verwaltung noch das Forstamt als Besitzer und erst recht die Angler nicht das Geld besitzen, um die Untersuchung zu bezahlen, soll der Teich nun abgelassen werden, ehe er der Welt womöglich zeigen könnte, dass er eigentlich für eine Ewigkeit errichtet wurde.

Wir wandern nun im Tal des Milchbornbachs hinab mit den Zeichen „A 1" und dem Andreaskreuz. Jenseits des Damms steht eine Hütte.

Tour 7: *Nach Bensberg ins Milchborntal*

Dann geht es weiter am Kadettenweiher oder dem, was übrig ist von ihm. Wo der Weg sich in der Böschung gabelt, bleiben wir am Bach und links. Es geht durch einen Rechtsschwenk, der Weg fällt nunmehr deutlich ab, und wir passieren das Waldstadion. Dahinter kommt von links, vom großen Parkplatz her, der Kölnpfad, und wir wandern weiter, bei einer Bank vorbei an einer kleinen, eingefassten Quelle, bald darauf am **Milchbornbad** vorüber, das in seiner Frühzeit noch vom Bach gespeist wurde. **Milchbornbad**

Links vor uns, auf der Höhe, sehen wir St. Nikolaus von 1883 und die barocken Laternen des Schlosses. Seit 1981 sind die Backsteinmauern wieder kreideweiß wie bei ihrer Fertigstellung. Man hatte dafür eigens Ziegeleien angelegt. Und der Name „Steinbreche" in Refrath hält für alle Zeiten fest, wo der Naturstein für die Fassadengliederung gebrochen wurde. Tragen wir die letzten Jahre Schloss-Geschichte nach: Bis 1924 Obdachlosenasyl, ab 1935 Kaderschmiede für die Nazis, Kaserne für die belgischen Besatzer und belgische Schule. Erst seit 1992 gehört es wieder ganz den rechtmäßigen Erben des Herzogtums Berg: dem Land Nordrhein-Westfalen.

Dann erreichen wir das „Hexenhäuschen" unserer Kindheit, das heutige „Waldhotel Mangold", schauen den Köchen in die Töpfe, und gehen links zurück zum Start oder rechts, falls wir den Weg soeben erst begonnen und die schöne Runde noch vor uns haben.

Tour 8

Höher als der Müggelberg
Durch den Königsforst

25 Jahre lang, bis 2007, hieß das „Schmitzebüdche" zwischen „Mauspfad" und „Forsbacher Straße" „Wimmer's Büdche". Jetzt heißt es, sozusagen amtlich, „Schmitzebud". Und hieß doch immer, jedenfalls auf Hochdeutsch, „Trinkhalle Königsforst". Das klingt nach Kurbetrieb, wie „Wasserhäuschen" in der Frankfurter Region, doch Kurbetrieb ist, auch in Frankfurt, nicht gemeint. Hier gibt es Kölsch und Apfelkorn genauso wie alkoholfreies Weizen und Milchkaffee. Der populäre Rennradfahrertreff am Rand der Stadt ist seit der Neueröffnung bunt ge-

Kurzbeschreibung

Anfahrt	A 3 bis AS Königsforst und der Beschilderung „Rath" folgen. Noch vor der Ampel am „Mauspfad" rechts ab in die „Forsbacher Straße". Dort Parkgelegenheiten rechts. Navigation-Eingabe: 51107 Köln-Rath, Forsbacher Straße 11 Von Köln aus mit der Stadtbahn-Linie 9 bis Endstation; „Schmitzebud" jenseits des „Mauspfads"
Dauer	3 Stunden
Länge	10 km
Wanderkarte	Naturarena Bergisches Land Tourismus (Hg.): Bergisch Gladbach, Odenthal, Rösrath. 1 : 25.000, Wanderkarte 2 im Naturpark Bergisches Land
Gasthäuser	Schmitzebud, Rather Mauspfad 2, 51107 Köln, Tel. 0221/98 63 80 49, Mo Ruhetag, www.schmitzebud.info Café am Königsforst, Rösrather Straße 759, 51107 Köln, Tel. 0221/86 23 20 Schwalbennest, Rösrather Straße 760, 51107 Köln, Tel. 0221/86 11 89 Landgasthof „Heideblick", An der Krumbach 3 A, 51503 Rösrath, Tel. 02205/16 75, Oktober bis März Mo Ruhetag, www.gasthof-heideblick.de
Auskunft	Stadt Köln, Tel. 0221/221-0
www.	www.stadt-koeln.de www.schmitzebud.com www.monte-troodeloeh.de www.123rath.de www.dav-koeln.de

Tour 8: *Durch den Königsforst*

mustert wie das Bergtrikot der Tour de France, ist aber älter als „Le Tour", wie am Gebäude steht: „seit 1898". Damals freilich hieß der Kiosk noch „Erfrischungen Friedrich Laufenberg" und bot den Bahn-Touristen Liegestühle feil und Fahrräder. Erst nach dem Ersten Weltkrieg übernahm die Dynastie der Schmitze und stand dem Kiosk vor bis 1982.

Zwar gibt es heute weder Fahrräder noch Liegestühle, dafür ist der Kiosk offizieller Partner des Monte Troodelöh, die höchste Höhe Kölns im Königsforst, und seine inoffizielle Bergwacht. Und der ist heute unser Ziel. So ist die „Schmitzebud" als Basislager für die Kölner Bergtour von der Sache her ein Muss. Und bei einem Rundweg immer auch das Ziel.

Radlertreff am Königsforst

Gleich neben dem Kiosk biegen wir in die „Forsbacher Straße" ein, die auch schon längst nicht mehr als Straße bis nach Forsbach führt (Winkel, Keil und Kreissymbol des Kölnpfads). Das letzte, weiße Haus zur Linken ist die Försterei, halb in die alte Rheinterrasse eingegraben. Hier wurden damals Sand und Kies gebaggert für den Bau der Kölner Südbrücke, erst später kam die „Göttersiedlung" an den Königsforst. So erreichen wir das **Naturschutzgebiet Königsforst** und folgen der Verlängerung der Straße mit vielen Zeichen in den Wald hinein.

Naturschutzgebiet Königsforst

Seit dem 10. Jahrhundert, wenn nicht schon weitaus früher, bei den Franken, war der Forst ein Banngebiet der Könige mit einer Fülle abgestufter Nutzungsrechte – von der Viehtrift bis zum Leserecht an Heidekraut und Ginster, Farn und Laub als Einstreu für den Stall. Das Jagdrecht selber war allein den Herrschern vorbehalten. Bis heute ist der Wald Staatsforst geblieben, bis heute angereichert durch Geschichte und Geschichten: Hier war es, wo sich der Räuber Hopsa dem Zugriff jeder Obrigkeit entzog, indem er sich im Hastdunichtgesehen in einen Strauch verwandelte wie, nach dem Wort des Großen Vorsitzenden, der Revolutionär als Fisch im Wasser. Zur Rechten liegen Pferdekoppeln. Nach 400 Metern im Wald erreichen wir an einer sechseckigen Hütte die Kreuzung mit dem „Schiefer-Hauweg" und wandern weiter geradeaus. Wo sich der Weg dann

Sieger im Bergtrikot

100 Meter darauf gabelt, bleiben wir halbrechts und folgen nun zwei Kilometer weit dem „Rath-Forsbacher Weg" mit Reitweg rechts des Wegs (Winkel von Wanderweg 2). Die Radler sind die Ersten, die bemerken, dass es stetig, wenn auch mäßig aufwärts geht.

Wir achten lange nicht der Wege, die wir queren. Nach eineinhalb Kilo-

Schutzhütte metern kreuzen wir bei einer **Schutzhütte** den asphaltierten „Rennweg", der an die frühen Hochöfen, die „Renn"-Öfen, erinnert, in denen man das Eisen „rennen", nämlich rinnen machte. Seit der Steinzeit war der Königsforst besiedelt, viele Hügelgräber zeugen heute noch davon. Als „Forst" gewann er später seinen Ruf bis heute, da war er Jagdrevier und Fleischkammer der Herzöge von Berg, mit Privilegien nebst Rot- und Schwarzwild vollgestopft, dass das einstmals edle Waidwerk darüber zur Notdurft verkam. Denn das Wild war eine schlimme Plage für den Wald wie für die Bauern, die sich nur mit untauglichen Waffen gegen die Vernichtung ihrer Vorräte an Haus und Hof zur Wehr setzen durften. Übergriffe zogen harte Strafen nach sich, oft genug die Folter. Wilddiebe ketteten die Förster bisweilen mit zerschossenen Gelenken an die Bäume des Waldes und überließen sie dort ihrem Schicksal. Wo keine Gnade war, wo Wildpret höher angesehen war als die Bevölkerung und Wilderei härter bestraft war als Mord, da wurden auch die Bauern gnadenlos. Sie lebten mit den Jägern ihrer Herzöge im Bürgerkrieg. Erst am Ende des Feudalzeitalters besserten sich die Verhältnisse. Kurfürst Karl Theodor erhörte die Bauern und gab die Hirsche bis auf 100 allesamt zum Abschuss frei, sämtliches Schwarzwild dazu. 4.000 Hirsche blieben so von Oktober

Tour 8: *Durch den Königsforst*

bis Dezember 1790 auf der Strecke, und den größten Teil der Beute durften sich die Untertanen billig kaufen.

Für den nächsten halben Kilometer auf demselben Weg fällt das Gelände etwas ab, und wir erreichen die Wegespinne mit der **Wassertretstelle im Giesbach**, ein kleines rheinisches „Dreiländereck" am alten „Wolfsweg", wenn man so will. Hier stoßen Rösrath, Köln und Bergisch-Gladbach-Bensberg aneinander – und alle waten sie im Storchenschritt durch das kalte Wasser gemäß der Hydrotherapie von Pfarrer Kneipp. Wichtig für danach: Nicht trockenrubbeln, sondern nur das Wasser mit der Hand abstreifen, dass es weiter kühlt und so den Stoffwechsel beschleunigt! An Sonnen- oder Sommertagen wird das Becken auch zum Freibad für die Kleinsten. Kaum jemand, der hier ungerührt vorüberzieht. Die Reiter halten inne, die Radler nuckeln an der Flasche, und die Wanderer rasten in der großen Schutzhütte oder kühlen sich die Füße für den letzten Anstieg auf den Monte Troodelöh.

Am Weg in Richtung „Heideblick" steht zwischen Eiben jene Eiche, die Bundespräsident Karl Carstens als Deutschland-Wanderer gepflanzt hat. Vielleicht hat man ihm damals jene Anekdote seines Vor-Vorgängers Jan Wellem erzählt, der inkognito im Wald auf einen Schweinehirten traf und ihn nach seinem Lohn befragte: „Drei Taler", sagte der, „dazu die Schuhe, einen Rock und Kost." So viel, entgegnete der Kur-

Wassertretstelle im Giesbach

Frei nach Pfarrer Kneipp

fürst, und mehr noch habe er an einem Tag! Darauf der Hirte: „Dunnerkiel! Dann ist Eure Schweineherde aber auch viel größer!" Das Bild vom Hirten schmeichelte gewiss dem Herzog und hätte sicher auch dem Bundespräsidenten gut gefallen.

In Gegenrichtung folgen wir, noch vor der Schutzhütte, nun dem Verlauf des „Wolfswegs" mit Keil und Kreis des Kölnpfads. Wölfe waren einst im Königsforst so allgemein wie heute Mountainbiker, bei manchen ungefähr auch so beliebt. Der Weg steigt merklich an, weil nun der **Große Steinberg** vor uns liegt. Noch immer steigend, wechseln wir von lichtem Buchenwald in Fichtenholz. Die Fichte kam als ungeliebter „Preußenbaum" einst in die Rheinprovinz: Anders als mit Nadelbäumen war der Raubbau der napoleonischen Besatzung nicht zu kompensieren. Dann kam im Januar 2007 der Orkan „Kyrill" und blies die Preußenbäume um. Kein Weg im Königsforst war damals ungehindert zu begehen, und nicht nur die Fichten lagen quer.

Großer Steinberg

Nach 750 Metern kreuzen wir den „Steinbruchsweg" mit einer neuen Bank, gerade richtig nach dem Steigen. Rechts liegt der Große Steinberg. Wir wandern weiter geradeaus mit Keil und Kreis und dem Hinweis auf dem alten Stein des Kölner Eifel-Vereins („K.E.V."): „Hummelsbroich 55 min". Das war einmal ein Herrensitz von 1368, seit 1928 ein beliebtes Ausflugsrestaurant, das 1978 der Autobahn zum Opfer fiel. Seither residiert am selben Ort die Bundesanstalt für Straßenwesen, die bei Anwohnern meist zärtlich jene „für Straßenunwesen" genannt wird.

Monte Troodelöh ...

Tour 8: *Durch den Königsforst*

... mit Stempel

Nun geht es zügig abwärts, über den Sellbach hinweg und erneut hinauf bis an die Kreuzung mit dem „Brück-Forsbacher-Weg". „Hummelsbroich", so lesen wir, ist uns, zumindest virtuell, um eine Viertelstunde entgegengekommen. Wir wandern weiterhin mit den vertrauten Zeichen geradeaus bis an die nächste Kreuzung nach 400 Metern. Zu „Kettner's Weiher" wären es laut Stein noch 20 Minuten geradeaus. Doch unser Ziel liegt 100 Meter weiter in derselben Richtung: der **Monte Troodelöh**, mit 118,04 akkurat vermessenen Metern über NN Kölns höchster Punkt und deshalb hier mit einer „Gipfelbank" versehen, mit einem Stein und einem Gipfelbuch. Auch eine Homepage hat der Berg (www.monte-troodeloeh.de), und deshalb können wir es hier mit wenigen Worten bewenden lassen.

Monte Troodelöh

Die feierliche „Erstbesteigung" dieses Gipfels am 11.11.1999 war ein Scherz von frohgemuten städtischen Bediensteten nebst einem selbst ernannten „Sherpa", und warum nach einem Wettbewerb der Berg nun seinen, diesen Namen hat, begreift man gleich, wenn man die der städtischen Spaßvögel kennt: Troost, Dedden, Löhmer, also „Troo-De-Löh". Sie halten seither ihrem Berg die Treue, die Forstverwaltung stiftete den Felsen und die Kölner Abteilung des Alpenvereins zu ihrer 125-Jahr-Feier 2001 den Gipfelstempel mit Kissen und Buch.

Er ist nicht der höchste Berg im Königsforst, das ist der Tütberg mit 212 Metern, ja, er ist nicht einmal ein Berg, dazu fehlt es ihm an Dominanz und Schartenhöhe, schon nach Osten steigt das Gelände gleich neben dem „Wolfsweg" an, doch das gehört zu Bergisch Gladbach. Nur ein Rekord gebührt dem Berg in geografischen Kategorien: Er ist

Rather Weiher — drei Meter höher als der höchste Berg Berlins, der Große Müggelberg. Da hat man es den Preußen doch wieder einmal gezeigt.

Wir besiegeln unsere Gipfeltour ohne Gipfel mit dem blauen Stempel. Dann wandern wir zurück. Nach 100 Metern folgen wir dem breiten unmarkierten Weg nach rechts. Nach einem halben Kilometer schwenkt der Weg sacht links und überwindet eine schmale Höhe im Gehölz. Bei einer einzelnen Eiche überqueren wir erneut den asphaltierten „Rennweg" und wandern gegenüber weiter, Kiefern und Buchen zur Linken, Fichten rechts. Nach 400 Metern kreuzen wir bei einer Holzbank einen Querweg und gehen weiter geradeaus, überqueren dann nach einem Schwenk nach links den kleinen Wasserbach und erreichen bald darauf den großen „Brück-Forsbacher-Weg" mit einer Sitzgruppe neben der Wegespinne.

Hier nehmen wir den zweiten Weg nach links (der breite erste führt nach Forsbach) und wandern auf dem unmarkierten Weg, der wie ein Lineal im Wald liegt, anfangs zwischen hohen Eichen. Nach einem knappen halben Kilometer kreuzt ein Querweg, dann liegt, nur 100 Meter weiter und beim nächsten Querweg, in einer Senke rechts der halb

Seerosenweiher — verlandete **Seerosenweiher**, auch „Entepöhle" genannt. Mehr als die Enten lieben wohl die Frösche diesen Teich, wenn sie im Frühjahr laut-

Tour 8: *Durch den Königsforst*

stark Hochzeit feiern. Wir wandern weiter, immer geradeaus, entlang an einer Birkenpflanzung, die „Kyrill" bestellt hat, und erreichen nach dem nächsten Querweg bei einem großen Schutzpilz dann den **Rather Weiher**, zu dem der Sellbach hier gestaut ist. Zur Rechten ragt ein Brocken von Konglomerat aus dem weichen Boden neben einem Mammutbaum, zur Linken Entenbürzel aus dem Teich. Auch zwei Sumpfschildkröten bewohnen den Weiher. Wir gehen weiter geradeaus („A 2/3") und lassen uns auf diesem letzten Stück vom Wald die Zeit vertreiben mit den Visitenkarten seiner Bäume am Waldlehrpfad. Noch einmal kommen wir bei einer Bankgruppe über einen Weg hinweg. Dann erreichen wir bei einer Sitzgruppe den großen „Steinbruchsweg" und folgen ihm nach rechts mit Andreaskreuz („X"), vorüber an der Schutzhütte vom Anfang. Der „Schiefer Hauweg", den wir hier als Letztes überqueren, ehe wir die „Schmitzebud" erreichen, verrät wie auch der „Steinbruchsweg", wohin er einmal führte. Wer Steine bricht, braucht Dynamit. Und sogar das kam einmal aus dem Königsforst. Spät in den 80ern des 19. Jahrhundert entstand bei Refrath im Wald die „Dynamitfabrik Kosmos Lustheide", die auch die Bensberger Erzbergwerke versorgte. Im Ersten Weltkrieg stellte sie sich um auf Leuchtspurmunition und bezahlte ihren patriotischen Opportunismus nach dem Krieg mit der Zerstörung durch die Siegermächte. Seit 1968 liegt am selben Ort das Kinderdorf Bethanien des Architekten Gottfried Böhm.

Rather Weiher

Tour 9

Geister im Busch
In die Wahner Heide

Als das Rheinland preußisch wurde, 1815, lag Wahn mit seinen Weilern in der Heide hinterm Mond. Hier lebten noch die alten Geister und Gespenster, und sie lebten länger als woanders: Der „Griemes", der die Kinder holte, wenn es dunkel wurde, die Hexe, die das Vieh zur Ader ließ, der grässliche „Malkopes", der hinter jeder Hecke stecken konnte. 1817 kam ein königlicher Schießplatz in die Heide, mit ihm Soldaten, Eisenbahn, bald Industrie und später gar die Autobahn. Die Bauern ließen von den alten Geistern ab, nur an einem halten sie noch heute fest: Das war der Amtmann von Porz. Er war für den Herzog von Berg die Amtsgewalt von Altenberg bis Langel, und dieser eine trieb es ganz besonders arg im Königsforst: Die Bauern sollten hohe Steuern zahlen, auch wenn des Herzogs Hirsche ihnen die Äcker zerwühlten und die Ernte fraßen. Häufig riss das Wild sogar das Stroh

Kurzbeschreibung

Anfahrt	Der Geisterbusch liegt an der L 84 nach Altenrath, der Parkplatz „Brandweg" 3,2 km vom „Mauspfad" entfernt, auf der dann linken Seite. Oder Rösrath, Pestalozziweg, am Jugenddorf Stephansheide vorüber bis zum Übergang in den „Brander Weg", rechts Wanderparkplatz. Dann den Rundweg dort beginnen. Navigations-Eingabe: 51503 Rösrath, Pestalozziweg 77 RB bis Bf Rösrath-Stümpen, ggf. mit Bus 423 bis Haltestelle „Hack", dann rechts über „Pestalozziweg" bis Stephansheide (vgl. Karte, ca. 20 Min.) und dort beginnen
Dauer	Ca. 2 Stunden
Länge	5 oder 4 km
Wanderkarte	Naturarena Bergisches Land Tourismus (Hg.): Bergisch Gladbach, Odenthal, Rösrath. 1 : 25.000, Wanderkarte 2 im Naturpark Bergisches Land
Gasthäuser	Gasthaus „Bambi", Brander Straße 154, 51503 Rösrath, Tel. 02205/90 77 88 Restaurant „Forsthaus Telegraph" mit Waldwirtschaft „Heidekönig", Mauspfad 3, 53842 Troisdorf, Tel. 02241/766 49, www.forsthaus-telegraph.de
Auskunft	Wahner Heide, Tel. 0221/739 28 71
www.	www.wahner-heide.com

Tour 9: *In die Wahner Heide*

Wehrmachtsbau

vom Dach mitsamt den Rüben für den Winter. Wehren durften sich die Bauern nur mit Stecken und mit Hunden von der Größe zwischen Spitz und Mops! Gegenwehr auf Kosten eines Hirschs war Wilderei und wurde mit dem Tod bestraft. Das ging so lange, bis ein Bauer klüger wurde. Und eines Morgens lag der finstere Amtmann von Porz tot im Geisterbusch am „Wolfsweg" – mit einer Kugel in der Brust. Seither hört man ihn in dunklen Nächten hoch am Himmel jagen, mit Pferden, Hunden und Geschrei.

Der Geisterbusch ist heute unser Ziel. Bei Sonne wird sich niemand von dem Namen schrecken lassen, und am Himmel sehen wir nur Jets im Landeanflug, doch bei Dunkelheit und Nebel mag die Bezeichnung passen, und früher standen noch Wacholderbüsche hier, mannshoch wie das Steinbild des Komturs in „Don Giovanni". Am Parkplatz an der „Alten Kölner Straße" lesen wir die Warn- und Hinweisschilder, ehe wir die rot-weiße Schranke passieren und auf dem „Brandweg", also dem Weg nach Brand, den Truppenübungsplatz von einst betreten. Das dürfen wir seit 2004 auch unter der Woche, allerings nur entlang der rot markierten Pfosten. Der breite Sandweg wird von einem Stichgraben begleitet. Zur Rechten liegt die **„Wolfsheide"**, nur noch ein Name: keine Heide mehr und auch kein Heim für Wölfe. Zur Linken liegt der Geisterbusch, der wiederum kein Busch ist, sondern Heideland, von dem wir hinter Kiefern und Weiden vorerst nur den Gins-

Wolfsheide

Hudewald ter sehen. Zwei zottelige Ziegen hinterm Wildzaun tun sich an den Birken gütlich. So werden sie satt – und die Heide bleibt Heide. Glanrinder und eben diese Ziegenherde stehen hier im Dienste der Natur. Dann öffnet sich der Blick nach links, und wir erreichen nach 600 Metern einen breiten Querweg, eine Brandschneise der Preußen, die die Belgier „November" nannten. Nicht, weil der Geisterbusch Novemberstimmung schüfe, sondern nach dem Alphabet der Nato: Alpha, Bravo, Charlie, Delta, Echo, Foxtrot – und November. Hier stehen häufig

Unter den Vogelfreunde mit Stativ und Rohr, denn der Geisterbusch wie das fol-
dicken gende Flurstück **„Unter den dicken Hecken"** sind ein Paradies für Gins-
Hecken terwürger, Neuntöter und Ziegenmelker, die im Schutz der Heide wie der Weidezäune gut gedeihen. Leicht vorzustellen, wie hier, bis zum Verbot im Jahre 1908, die Vogelfänger hinterm Ginster saßen und Sing- wie Krammetsvögel dutzendweise fingen, Leckerbissen für Gourmets.

Der „Brandweg" steigt beim Weiterwandern an und schwingt sich auf den Busenberg, von dessen flacher Höhe wir den Rand von Köln entdecken und den Flughafen Köln-Bonn, zweieinhalb Kilometer weit entfernt mit seinen Terminals, näher, je nach Wind, mit seinen Landeanflügen. Geflogen sind hier schon die Preußen. Anfangs mit Ballons, um die Leistung ihrer Artillerie recht würdigen zu können, seit 1913

Tour 9: *In die Wahner Heide*

auch mit dem, was damals Flugzeug hieß. 1939 setzte die Luftwaffe den alten Feldflugplatz instand, und 1951 lief die „Köln-Bonner-Flughafen Wahn GmbH zu Porz" dem alten Butzweilerhof den Rang ab als Flughafen für Köln. Dass er all die Jahre im Naturschutzgebiet lag und noch liegt, hat ihm offensichtlich nicht geschadet. Seit 1994 heißt er amtlich Köln/Bonn „Konrad-Adenauer".

Am Fuß der Höhe verlässt in einer leichten Rechtsbiegung der „Brandweg" nun als schmaler Pfad nach links die breite Piste; wir passieren wieder eine Schranke und erreichen den Parkplatz an der ruhigen „Brander Straße". Zur Rechten, bei Haus 154, bietet sich Gelegenheit zur Einkehr im vielgerühmten Wanderer- und Fahrradfahrer-Treff „Bambi".

Links kommen wir mit ihr nach etwa einem halben Kilometer an das **Jugendhilfezentrum Stephansheide** der Diakonie Michaelshoven. Die Wanderkarte des Eifelvereins von 1932 kannte hier nur Wald und gar nicht weit entfernt ein „Wirtshaus". Seit 1940 baute dann die Wehrmacht hier ein Kriegsgefangenenlager mit dem zynischen Namen „Hoffnungsthal", denn das eigentliche Hoffnungsthal lag von hier aus hinter Rösrath. In den Verwaltungsbauten residierte seit 1941 die Kommandantur. Die meist russischen Gefangenen, rund 1.200, gar 1.500 bei der Befreiung am 13. April 1945, wohnten in den flachen Fachwerkbauten, die wir, wo der Fahrweg nach rechts knickt, links hinter Birken entdecken.

Nach weiteren 200 Metern verlassen wir im nächsten Schwenk die Straße vor der Anlage des Kalmusweihers und folgen links dem fes-

Nicht nur im Herbst

ten Weg in Richtung „Ehrenanlage" und „Kalmusweiher". Dies ist der „Rösrather Weg", im Wald nun schon wieder mit roten Pfosten markiert. Direkt hinter den Teichen zweigt nach rechts ein Bach ab, wir wandern weiter geradeaus, überqueren einen Bach, der gleich darauf in den Kalmusbach fließt, und halten uns dann bei der nahen Gabelung auf dem festen Weg links. So erreichen wir nach rund 200 Metern links des Wegs den alten Friedhof des Gefangenenlagers für diese 112 ausländischen Opfer der Wehrmacht – oder, wie es auf dem Stein heißt, von „Hunger, Krankheit und Gewalt".

Von hier aus bringt der Weg uns wieder in den „Königsforst", wie der **Davidsbusch** auf alten Karten heißt. Erst durch den Bau der Autobahn im Jahre 1934, die von Rath und Rösrath eine Furche mitten durch den Wald zog, wurde die Wahner Heide vom alten Staatsforst getrennt. Jetzt ist das eine schön gehegter Forst, das andere ein buntes Durcheinander, „das artenreichste Heide-, Moor- und Waldgebiet in NRW", wie die Homepage www.wahner-heide.com stolz verkündet, zwei Naturschutzgebiete mit einer Autobahn dazwischen.

Davids-
busch

Rund einen halben Kilometer nach dem Ehrenmal stößt der „Rösrather Weg" auf den „Wolfsweg", den alten Karrenweg von Spich nach Bensberg, auch er zerschnitten von der Autobahn. Rechts böte sich nun für den Wanderer noch eine weite Runde an. Links bringt der „Wolfsweg" uns am Hute- oder Hudewald entlang, einem parkähn-

Landeanflug

Tour 9: *In die Wahner Heide*

lichen Areal von großen Eichen ohne Unterholz dazwischen. Früher trieb man hier und andernorts das Vieh zum Hüten in den Wald, Schweine vor allem, und das Vieh fraß nicht allein die Eicheln, die am Boden lagen, sondern jeden grünen Spross. Heute schaffen das die Ziegen. So erreichen wir am Wegekreuz die Eiche vor dem Geisterbusch mit der Hinweistafel auf den Porzer Amtmann und sein nachvollziehbares Geschick. Hier war es, denken wir: Dort lag er, Friede seiner Seele. Wir folgen jetzt dem schönen Weg „November" links und mitten durch die Heide, studieren die Natur und ebenso die Tafeln nah dem Boden. Nach 700 Metern stehen wir erneut am „Brandweg" und kommen rechts zurück zum Start.

Neuntöter

Tour 10

Tod in der Sieg
Rund um den Sieglarer See

Vom mittelalterlichen Turm der Sieglarer Kirche zieht sich die „Meindorfer Straße" als prächtige Allee nach Süden hin. Bis 1948 führte sie tatsächlich in das Nachbardörfchen Meindorf, und zwar über die alte kleine Fähre, die einzige Verbindung beider Orte, einen flachen Kahn an einem starken Seil. Es war am 4. Februar, an einem Wintertag mit Hochwasser, als ein Lehrer der Sieglarer Volksschule am Nachmittag mit 20 Jungs zu einem Fußballspiel nach Meindorf wollte. Der Fährmann war ein junger Mann von dort, der nur ein Auge hatte – und dazu ein Holzbein, nicht vom Krieg. Die beiden Männer verteilten die Kinder gleichmäßig im Boot, doch sei es, weil tatsächlich einer einen Hecht gesehen haben wollte, den nun alle sehen wollten, sei es, dass die flache Zille ihren Kurs verlor oder dass die Kinder nur ein Schwan-

Kurzbeschreibung

Anfahrt	A 59 bis AS Troisdorf, nach Sieglar und über die „Meindorfer Straße" zum Wanderparkplatz am Deich. Navigation-Eingabe: 53844 Troisdorf, Meindorfer Straße 40
	Rechtsrheinische Regionalbahn bis Friedrich-Wilhelms-Hütte, von dort die Sieg (mit „S") hinab und 500 m hinter der A 59 links ab mit dem Rundweg
Dauer	2 Stunden
Länge	4,5 km
Wanderkarte	Landesvermessungsamt Nordrhein-Westfalen (Hg.), Sieghöhenwege. Wanderkarte 1 : 25.000 (nur Restbestände)
Gasthäuser	u. a. Gaststätte „Zur Küz", Larstraße 168, 53844 Troisdorf-Sieglar, Tel. 02241/65 15 45, Mo Ruhetag Beim Pompe Jupp, Marktplatz 1, 53844 Troisdorf-Sieglar, Tel. 02241/427 31, Mi Ruhetag
Auskunft	Stadt Troisdorf, Tel. 02241/900-0
www.	www.troisdorf.de www.wasserlauf-nrw.de/erlebniswege/touren/tour3.html www.wasserlauf-nrw.de www.wippenhohn.net

Tour 10: *Rund um den Sieglarer See*

ken austarieren wollten und die erste Welle in den Nachen schlug: Panik und Scheitern waren eins, manche sprangen auch, um sich zu retten, der Fährmann hatte mit dem Holzbein keine Chance, zumal er bis zuletzt im Nachen blieb als rechter Kapitän. Der Lehrer watete noch einmal in den Fluss, um den Kindern beizustehen: Zwei von ihnen und die erwachsenen Begleiter tauchten am Ende nicht mehr lebend auf, eins der Kinder wurde erst nach vier Wochen gefunden. Die Sieg hatte ihren alten sprichwörtlichen Ruf erneuert: „heimtückisch" war sie, „ewig unruhig". Kein Fährmann fand sich darauf mehr, die Fähre wurde eingestellt. Und die „Meindorfer Straße" führt nur noch bis zum Deich und an den Wanderparkplatz, der ihren Namen trägt.

Unglücksstätte an der Sieg

Hier machen wir uns heute auf den Weg. Neben dem **Pumpenhaus**, das Schüler des Heinrich-Böll-Gymnasiums luftig bunt bemalt haben, steigen wir auf den Deich und stoßen oben auf den Sieghöhenweg (Andreaskreuz und „S"). Ihm folgen wir nach links. Der Weg knickt gleich darauf noch einmal links. Schon 150 Meter weiter verlassen wir für lange Zeit den Wanderweg und steigen rechts hinab in einen Auwald, der hier den Sieglarer See beschirmt. Beim Wegedreieck 100 Meter später halten wir uns links und wandern nun am See entlang, auf den der Blick sich kurz darauf öffnet. Die Kinder von 1948 haben dieses Biotop noch nicht gekannt. Der See entstand durch Kiesabbau für

Pumpenhaus

Am Start   die nahen Autobahnbereiche zu Anfang der 1970er Jahre. Jetzt ist hier die Natur zu Hause, Wildgänse und Weißwangengänse bevölkern das Wasser, Blässhühner dazu, auf beiden Inseln nisten Graureiher und Kormorane in den Bäumen.

Wir wandern weiter. Bei zwei Bänken schwenkt der Weg nach links. Am Fuß des Deichs kommen wir an einer mächtigen pockigen Eiche rechts vorbei und wandern weiter in der Siegaue. Zur Rechten endet dann der See. Es geht vorüber an den gelben Pfosten einer Erdgasleitung, dann mit dem nächsten Wegekreuz nach rechts und schnurgerade dem Fluss entgegen. Von nun an folgen wir hier seinem Lauf. So tief, so friedlich liegt das Wasser neben uns, dass wir dem üblen Leumund seiner Heimtücke glatt widersprechen würden. Doch: „Alles fließt", sagt Heraklit. Das gilt erst recht für einen Fluss. Und bei der Sieg auch für die Fischbestände: „Reich an Fischen ist die Sieg", schrieb Ernst Weydens „Siegthal"-Führer 1865. Doch schon 1887 beklagte der Siegburger Fischhändler Friedrich Wilhelm Reuter einen Rückgang der Bestände, auch wenn man im Dreikaiserjahr darauf allein an Lachsen 182 Zentner fing, dazu den Maifisch massenweise. 20 Jahre später kamen nur noch 29 Zentner auf die Waage, 1950 galt der Lachs als ausgestorben an der Sieg.

Tour 10: *Rund um den Sieglarer See*

Seit 1990 sind die Lachse wieder da! Erstmals 1987 an den alten Laichgründen im Oberlauf des Flusses ausgesetzt, fanden ein paar Pioniere drei Jahre später auch wieder zurück. Seither liegen von September bis November am Buisdorfer Wehr die Salmoniden-Paparazzi auf Lauer wie einst am Kensington-Palast. Ein „Wanderfisch"-Programm der Landesregierung hilft den Zugvögeln unter den Fischen buchstäblich auf die Sprünge. Das freut auch uns, die wir der flotten Gruppe im „Duden" nachbarlich verbunden sind: als „Wandergesellen".

Als solche kommen wir nun gut voran auf einem breiten Wiesenweg, vorbei an totem Holz und Kopfweiden mit frischen Trieben. Dann öffnet sich der Blick noch einmal rechts, auf den See. Hier bietet sich ein schöner **Ruheplatz mit Bänken**. Und wenn das Baden auch verboten ist: Das Sonnenbaden ist es nicht. Weiter geht es nun entlang an eingezäuntem Grünland. Der erste Weg, der einen halben Kilometer nach dem See die Siegaue durchquert, bringt uns rechts zurück – zum Deich, zum Ausgangspunkt, zum Ziel. Wer noch den Ort des Fährunglücks von 1948 kennenlernen möchte, geht noch 200 Meter weiter und sieht den Sportplatz gegenüber, wo die Jungs von Sieglar gegen Meindorf spielen wollten. Dort drüben, zwischen Spiel- und Sportplatz, liegt die alte, grüne Fähre auf dem Sand. Und am neuen Zaun der

Ruheplatz mit Bänken

Futter im Anflug

Der Unglücks-kahn Sportanlage steht die alte Spannvorrichtung für das Stahlseil. Alles am anderen Ufer. Wir indessen bleiben auf dem rechten, gehen hier nun rechts und auf dem Deich zurück bis an die „Meindorfer Straße", die seit 1948 nicht nach Meindorf führt.

Tour 11

Sieglinde und Sankt Adelheid
An die Siegmündung nach Mondorf

Stromkilometer 660: Wasser, wohin man auch schaut. Vor uns breit der Rhein, der hier, nachdem er einen halben Kilometer zuvor die Sieg aufgenommen hat, zum Niederrhein geworden ist. Nun ist er Undines gewaltige Schwester, wie Heinrich Böll geschrieben hat. Zur Linken wieder Wasser, wenn auch nur ein Hafen. Im 12. Jahrhundert war das noch die Sieg und heißt bis heute so: „die alte Sieg". Kein Wunder also, dass das Dörfchen hinter uns den Namen nach der Lage

Kurzbeschreibung

Anfahrt	A 59 bis AS Troisdorf und über Troisdorf-Eschmar nach Niederkassel, Mondorf, durch die „Rheinstraße" geradeaus bis zum Rhein mit Parkplatz. Navigations-Eingabe: 53859 Niederkassel, Provinzialstraße 2 S 12 bis Porz-Wahn, Bus 504 bis Niederkassel-Mondorf
Dauer	3 Stunden
Länge	Ca. 8 km
Wanderkarte	Landesvermessungsamt Nordrhein-Westfalen (Hg.), Sieghöhenwege. Wanderkarte 1 : 25.000 (nur Restbestände)
Gasthäuser	Gasthaus „Schlimgen", Provinzialstraße 8, 53859 Niederkassel/Mondorf, Tel. 0228/45 31 26, Di Ruhetag, **www.gasthaus-schlimgen.de** Café „Hafenschlösschen", Rheinallee 1, 53859 Niederkassel/Mondorf, Tel. 0228/45 23 47, Mo Ruhetag, **www.hafenschloesschen.de** Bootshaus „Il Lago", Nachtigallenweg 97, 53844 Troisdorf/Bergheim, Tel. 0228/45 05 60, Mo Ruhetag, **www.bootshaus-il-lago.com** Zur Siegfähre, Zur Siegfähre 7, 53844 Troisdorf-Bergheim, Tel. 0228/47 55 47, Oktober bis Ostern geschlossen, **www.siegfaehre.de**
Hinweise	Fischereimuseum Bergheim an der Sieg, Nachtigallenweg 39, 53844 Troisdorf-Bergheim, Tel. 0228/945 30 43
Auskunft	Stadt Niederkassel, Tel. 02208/94 66-0
www.	www.niederkassel.de www.fischereibruderschaft.de www.ro-klinger.de/Mondorf www.rheinfaehre-mondorf.de www.wasserlauf-nrw.de

Siegaue hat: Mündungs- oder „Munnendorp" im Jahre 795, Mondorf heute. Unablässig fährt die Fähre nach Graurheindorf und zurück, wie seit dem 15. Jahrhundert. Zu Anfang des vergangenen Jahrhunderts ernährte sie zwei Fährleute. Dann wurde in Bergheim nebenan eine Brücke gebaut, zwar zunächst nur über die Sieg, doch mit bestem Anschluss an die Bonner Nordbrücke, und die Fähre wurde eingestellt. Das war Mondorf 1977. Das bis dahin entlegene **Mondorf** wurde Schlafstadt für die Bundeshauptstadt.

Dann fiel die Mauer, Berlin wurde Hauptstadt, Bonn tröstet sich seither geschickt als „Bundesstadt", und 1994 kam die Fähre wieder. Unter neuer Regie, anfangs gar größer denn je. Seit 2008 fährt eine aufpolierte ehemalige Fähre zur großen Freude aller Radfahrer und Ausflügler und erinnert leise an die alten Fährrechte der Mondorfer. Nur einmal, 1809, zur Zeit Napoleons, hatte sich ein Parvenü als Konkurrent versucht: Ein Franz Sturm kam nach Graurheindorf und tanzte dort mit eigenen Booten den Mondorfern auf der Nase herum, bis die ihm kurzerhand bei Nacht die Kähne klauten wie die Piraten der Karibik. Drei Jahre dauerten die Streitereien, sieben Instanzen waren mit dem Fall befasst, bis Mondorf endlich Recht bekam und wieder eine Fähre regelmäßig fuhr.

Tour 11: *An die Siegmündung nach Mondorf*

Von hier aus wandern wir am Hafenbecken entlang, bestaunen die ausgestellten Hochwassermarken hoch über uns, mustern die Jachten, Hausboote und Bootshäuser. Erst um die Mitte der 1970er Jahre wurde der Hafen angelegt, bis dahin ankerten die Boote hier im Unbefestigten. Es geht vorüber am Café „Hafenschlösschen" mit allerlei Türmchen und Erkern. Am Ende des Hafenbeckens wandern wir nicht rechts, an der Schranke vorbei und weiter am Wasser entlang ins Naturschutzgebiet, sondern halblinks geradewegs hinauf und hinter dem Trafohäuschen halbrechts weiter auf dem schmalen Fuß- und Radweg. Es geht an den Gärten der Häuser entlang, dann halbrechts ins Naturschutzgebiet am Böschungsrand des alten Siegarms „Diescholl". Hier hat unser Weg auch einen Namen: „Nachtigallenweg". Schon Ernst Weyden, der Wanderer und Autor eines Führers durch „Das Siegthal" von 1865, hatte hier, „in dem Buschwerk der Ufer der Sieg am Frühmorgen" die Nachtigallen singen hören. Zumindest hat er sie erwähnt.

So kommen wir vorüber an dem neu gebauten **Fischereimuseum** der Fischerei-Bruderschaft zu Bergheim, die älteste in Deutschland mit solcher zunftgemäßen Grundlage, die einzige, die zugleich alleinige Inhaberin der Fischereirechte an der Siegmündung ist – und alles dies ohne auch nur einen Berufsfischer in ihren Reihen. Seit König Otto III. und der Jahreszahl 987 gibt es dieses Privileg und umgekehrt die Pflicht, jeden dritten Fisch im Kloster Vilich abzuliefern. Zwar erwähnt Ernst Weyden noch Lachse in der Sieg von 30 Pfund, doch schon er spricht von der Blüte des Gewerbes in der Vergangenheitsform. Ma-

Fischereimuseum

Satte Uferwiesen

Mondorfer Fähre — krelen, Maifische und eben Lachse gingen zu Beginn des 20. Jahrhunderts dramatisch zurück. Der Lachs war 1950 ausgestorben in der Sieg (vgl. Tour 9). Jetzt ist er wieder da, doch Berufsfischer in Bergheim stellt man sich wohl auf alle Zeit vergebens vor.

Sieghöhenweg — Hier wandern wir nun auf dem nördlichen **Sieghöhenweg** mit dem Andreaskreuz („Zur Siegfähre"). Wir überqueren auf einer Fußgängerbrücke die Landstraße, passieren eine Sitzgruppe mit einem Steintisch und gehen weiter auf der „Glockenstraße". Bei einem Marienbildstock stoßen wir dann auf die „Bergstraße", die Dorfstraße mit alten Fachwerkhäusern. Es geht halbrechts hinunter in die Flussaue, am Fußballplatz entlang und gegenüber wieder auf die erhöhte Siegterrasse, etwa 15 Meter hoch, die Bergheim, „Berchheim", einmal kühn den Namen gab. Wir überqueren vorsichtig die „Oberstraße" und folgen dann ein kurzes Stück dem Fahrweg geradeaus, der unser Ziel im Namen führt: „Zur Siegfähre".

Schon unten, am Ortseingangsschild von Bergheim, verlassen wir an den Kastanien die Straße und folgen dem Andreaskreuz nach links. Der Weg verläuft am Sockel der Terrasse wie am Rand der Gärten. Nach

Erdmannhütte 2 — gut 200 Metern, vor der **„Erdmannhütte 2"**, schwenkt der Weg nach links und gleich auch wieder rechts und führt ein letztes Mal hinauf auf die hochwassersichere Lage von Bergheim („X"). Vorüber an der „Kreuzbergstraße" und der Straße „In der Bindeflacht" folgen wir der

Tour 11: *An die Siegmündung nach Mondorf*

Straße „Auf dem Kirvelberg" am Oberrand der Gärten, darunter einem Weinberg, bis zum Bildstock für die Muttergottes der Schönstattbewegung.

Hier verlassen wir nun den Sieghöhenweg und wandern rechts auf dem fein gestreuten Siegdamm weiter. Nach halber Strecke steht links eine Bank. Hinter dem Damm vereinigen sich zwei alte Siegarme, „Ahl Sieg" („Alt Siegen Wasser" auf älteren Karten) und „Allheil". Sie waren bei der ersten großen Korrektur des Siegverlaufs von Menschenhand im Jahre 1777 das Hauptgerinne des Flusses. Bei der Begradigung der Sieg wurden sie abgeschnitten, der Fluss dadurch schneller gemacht, doch nur bedingt berechenbarer.

Zuletzt erreichen wir die Straße „Zur Siegfähre" und wandern mit ihr geradeaus, unter den Stelzen der Landstraße her und weiter bis an die Sieg und die **Fähre „Berchemer Fahr"**. Eine Fähre gab es an der Sieg nachweislich schon im 17. Jahrhundert. Auch das Fährrecht lag beim Vilicher Stift. Nach der Begradigung des Flusses wurde sie hierher verlegt, und seit der Säkularisierung 1804 hält der Staat seine Hand über die Fähre. Heute teilen sich die Städte Bonn und Troisdorf das Vergnügen, die einzige Fähre an der Sieg und überhaupt die einzige Einmannfähre in Deutschland zu betreiben, ungeachtet der hässlichen, praktischen Brücke obendrüber. Als Gierponte hängt die Brücke am Seil, hinüber treibt sie die Strömung, nur herüber muss der Fährmann

Fähre „Berchemer Fahr"

Einmannfähre an der Sieg

Bitte nicht füttern!

Arbeit leisten. „Sieglinde" hieß die alte Fähre. Sie war 57 Jahre in Betrieb. Jetzt liegt sie als ein großer Blumenkasten vor dem Restaurant „Zur Siegfähre". Die neue Fähre seit 2005 heißt „St. Adelheid" nach der ersten Äbtissin von Vilich, die der Legende nach den Ortsteil Pützchen schuf, zumindest die Voraussetzung dafür, indem sie mit dem Stab auf Wasser stieß, das „Pützchen" der Adelheidisquelle.

Seit 1923 gibt es die beliebte Gaststätte mit dem naheliegenden Namen. Ihr heimlicher Patron ist Heraklit, ihr Motto wäre „Panta Rhei", soll heißen: „alles fließt". Doch nicht alles fließt so wie die Sieg, die bisher jeden Winter mitten durch die Wirtschaft floss. Tatsächlich jeden Winter? Nein: Im Jahr 2009 blieb sie überraschend draußen vor der Tür. Hier treffen sich im ersten Sonnenschein die Anwohner, die Radler aus der Ferne, Autofahrer zur Genüge, wie der Parkplatz zeigt. Auch Wanderer.

Nach der Einkehrpause gehen wir zurück und steigen unmittelbar vor Unterquerung der Stelzenstraße links auf den Damm. Die Dammkrone ist anfangs asphaltiert, zur Rechten eine **Streuobstwiese**, links eine alte Flutrinne der Sieg. Nach etwa 100 Metern endet der Asphalt, wir passieren Absperrpfosten und wandern zwischen Pappeln weiter auf dem Damm. Bei der nächsten Reihe rot-weißer Pfosten stößt von rechts ein Weg hinzu. Bald schwenkt der Weg nach rechts, und zur Linken sehen wir nun schon die Speicherhäuser von Graurheindorf, links des Rheins. Für mehr als einen Kilometer fließt die Sieg nun friedlich neben Vater Rhein einher, ehe sie, wie früher schon, bei Mondorf mündet.

Tour 11: *An die Siegmündung nach Mondorf*

Die Siegmündung des Jahres 1777 war mit der Zeit versandet. Der Fluss, der ungefähr im rechten Winkel auf den Rhein traf, gefährdete mit immer neuen Mengen an Geröll, Sandbänken und seichten Stellen im eigentlichen Fahrwasser die Schifffahrt auf dem Rhein, sodass sich die preußische Regierung dazu entschloss, eine Insel vor der Einmündung der Sieg, die im Volksmund „Pfaffenmütze" oder „Isabelleninsel" hieß, das sogenannte **Kemper Werth**, durch einen festen Damm mit dem linken Siegufer auf Dauer zu verbinden. Das zwang den Fluss dazu, nach rechts, rheinabwärts, auszuweichen, und die Ablagerungen in der Biegung verstärkten künftig den Damm und schufen mit der Zeit tatsächlich ein eigenes Ufer. Obendrein gewann der Fluss gut einen Kilometer hinzu und misst nun 155,2 km.

Das Land am rechten Ufer ist vereinzelt sogar durch den Pflug kultiviert. Wir passieren einen asphaltierten Weg nach rechts und wandern weiter geradeaus („Mondorfer Hafen 1,4"). Rechts liegen Felder, links ein aufgelassener Obstgarten mit verwilderten Apfelbäumen. Am Ende knickt der Weg ein wenig rechts und stößt nun auf den alten Mündungsarm „oberste Fahr". Wir gehen links, durch Ahorn- und Pappelgehölz. Nach 200 Metern stehen wir dann vor der Sieg auf ihrem letz-

Kemper Werth

Fern der Rhein

Stadtwappen Niederkassel

ten Stück. Auf einem Holzbrückchen geht es nach rechts hinüber und links weiter bis zum nächsten Brückchen über die Mündung des Altarms „Diescholl". Von hier aus sieht der Rhein aus wie ein Nebenfluss der Sieg.

Wir nehmen nun die zweite Brücke, halten uns halblinks, auf einen Schutzpilz zu und passieren einen Sitzplatz mit einem Hinweisstein auf Mondorfs Lage: „Basel 493 km, Nordsee 374 km". Vor dem Grillplatz gehen wir dann rechts, quer über die Halbinsel hinweg, oder geradeaus um sie herum, und halten uns am Wegedreieck dann rechts und zweimal links, um das Hafenbecken herum und an der grünen Schranke vorüber und zurück, wie wir gekommen sind.

Die Fähre nach Graurheindorf fährt noch immer hin und her und ersetzt den Anwohnern bequem die Brücke. Das wurde ihr zuletzt im Zweiten Weltkrieg zum Verhängnis, denn am selben Tag, an dem sie in Bonn die Brücke sprengten, am 8. März 1945, versenkten auch deutsche Soldaten die Fähre „Mondorf I" gleich hier, in die Mündung der Sieg. Dort lag sie bis zur Kapitulation, gewissermaßen in „Hab-Acht-Stellung", Gewehr bei Fuß, wenn das in dem Zusammenhang nur nicht so peinlich wäre, und tauchte wieder auf, als man sie brauchte. Denn die Bonner Brücke war erst im November 1949 wieder frei für den Verkehr.

Moby Dick

So leicht lässt sich die deutsche Polizei kein Seemannsgarn erzählen. Als Rheinschiffer bei Duisburg am 18. Mai 1966 einen Funkspruch absetzten, es sei im Rhein bei Kilometer 778,5 ein fünf Meter langer „Riesenfisch" unterwegs, reagierte sie sofort: Die Binnenschiffer mussten zum Alkoholtest! Getrunken hatten sie, morgens um 9.30 Uhr, noch nichts, auch wenn der Fisch kein Fisch war, sondern ein Wal – und auch nicht fünf, sondern nur vier Meter lang. Der weiße Beluga stammte aus den arktischen Gewässern. Mittelbar zumindest. Unmittelbar stammte er aus einem Schiff, das den Wal nach England hatte bringen sollen, in den Zoo, und das dicht vor der Nordseeküste im Orkan gescheitert war. Dem Wal gefiel die Rolle des Schiffbrüchigen, und er schwamm vom Rotterdamer Hafen erst einmal den Rhein hinauf bis Duisburg. Der Direktor des dortigen Zoos, ein Fachmann mit dem prekären Namen Gewalt, versuchte den Wal mit Netzen und einer Betäubungspistole sowie den Künsten eines Landesmeisters im Bogenschießen einzufangen, um ihn auf Dauer vor dem Rheinwasser zu schützen und seine 35 Zentner seinem Delfinarium einzuverleiben. Schnell hatte er die Presse und die Niederländer gegen sich, die ihm reflexhaft „barbarische deutsche Methoden" vorwarfen. Außerdem hatte das schwimmende Bambi inzwischen einen Namen: Moby Dick. Die BILD-Zeitung titelte: „Verhaftet Dr. Gewalt!"

Beinahe hätte sich der Wal-Kampf ganz von selbst gelöst: Moby Dick schwamm freiwillig stromabwärts und erfreute als „Willy" die Holländer, verpasste auf den Wasserstraßen aber eine Abfahrt und landete im Ijsselmeer. Derartig eingedeicht, verlegte Moby Dick sich wieder auf die Gegenrichtung und schwamm den Rhein hinauf bis Bonn. Dort sprengte er mit seinem Auftritt, wenn man das bei einem Wesen ohne Fuß so sagen darf, eine Bundespressekonferenz, aber sorgte doch zugleich dafür, dass die Zeitungen am nächsten Morgen nicht mit leeren Seiten erschienen.

Dann zog er sich zurück. Erst aus der Politik, dann aus dem Rhein. Am 16. Juni, um 18.42 Uhr, wurde Willy-Moby Dick zum letzten Mal gesichtet nahe Hoek von Holland. Nur dann und wann noch tauchte Willy wieder auf: Die „Bonner Personen-Schifffahrt" (damals noch mit zwei „F") baute 1976 ein neues walähnliches Fahrgastschiff und taufte es nach Moby Dick. Simon Wincer brachte 1993 einen Film um einen Wal heraus und nannte ihn „Free Willy". Und die deutschen Umweltschützer setzten sich allmählich mit der Meinung durch, dass es mit dem Dreck des Rheins so nicht mehr weitergehen könne. Und Doktor Gewalt? Er starb mit 78 Jahren an den Folgen eines häuslichen Unfalls. Der übliche Verdächtige ist aber nicht mehr aufgetaucht.

Tour 12

Vom Höhkopf in die Tiefe
Rund um Stadt Blankenberg

Sayn oder Nichtsein: Das war hier die Frage. Die Brüder Eberhard und Heinrich von Sayn konnten Shakespeare nicht gelesen haben, als sie, sich waffnend gegen einen See von Plagen, die Pfeil' und Schleudern eines wütenden Geschicks zu enden trachteten durch eine Festung auf dem blanken Berg. Von Westen her bedrohte sie der Nachbar aus dem Hause Berg, von Osten spürte man den kalten Hauch des Landgrafen von Thüringen auf Burg Windeck. So bauten sie um 1150 auf einem Felsensporn über der Sieg ihre „Veste Blankenberg". Frei nach Shakespeare: einen Traum von einer Höhenburg. Seitdem klappte es weit besser mit den Nachbarn. Erst 1363 fiel die Burg als Pfand an Jü-

Kurzbeschreibung

Anfahrt	A 59 oder A 3 bis AD Sankt Augustin West bzw. AK Bonn und A 560 in Richtung Altenkirchen bis zum Ende. L 333 bis Hennef-Stein und rechts („Steinermühle") hinauf nach Blankenberg. Wanderparkplatz in der Kurve der Straße vor dem Ort oder auf dem „Platz am Katharinenturm" jenseits der Altstadt. Ein weiterer kleiner Parkplatz befindet sich in Stein neben der Einmündung der Straße „Steinermühle". Navigation-Eingabe: 53773 Hennef, Am Katharinentor S 12 im Stundentakt bis Blankenberg (Sieg) und zu Fuß (vgl. Karte) nach Hennef-Stein mit Anschluss an den Rundweg
Dauer	2,5 Stunden
Länge	7 km
Wanderkarte	Landesvermessungsamt Nordrhein-Westfalen (Hg.), Sieghöhenwege. Wanderkarte 1 : 25.000 (nur Restbestände)
Gasthäuser	in Stadt Blankenberg zahlreich, z. B. Haus Sonnenschein, Mechtildisstraße 16, Tel. 02248/92 00, **www.hotel-haus-sonnenschein.de** Weincafé „Alt Blankenberg", Markt 23, Tel. 02248/15 97, Do Ruhetag **www.alt-blankenberg.de**
Hinweise	Die Burg ist von April bis September Di–So 10–18 Uhr geöffnet.
Auskunft	Stadt Hennef, Tel. 02242/194 33
www.	www.hennef.de www.stadt-blankenberg.de www.hvv-stadt-blankenberg.de

Tour 12: *Rund um Stadt Blankenberg*

Blick vom Höhkopf

lich-Berg, seit dem 30-jährigen Krieg überragt sie als Ruine jene Stadt, die mit der Burg gewachsen war und seit 1245 Stadtrecht hat. Zwar verlor das Städtchen 1934 dieses Stadtrecht wieder, nachdem es 1846 amtlich „ganz verarmt" war. Doch schon 20 Jahre später zog man sich selber aus dem Sumpf der Eingemeindung: Denn seither heißt das Örtchen Stadt: Stadt Blankenberg.

So schön und so verwinkelt lag und liegt es da, verträumt in seinem Fachwerkschmuck, dass es den ersten Durbridge-Fernseh-Krimis in den 1960ern und in Schwarz-Weiß als Tudor-Schmuck genügte. 1966 war es für „Melissa" Elvingdale, ein Dorf im Süden London, und brachte Einschaltquoten von bis 89 %. Gewiss: Das echte Cornwall Rosamunde Pilchers ist authentischer. Doch vor 50 Jahren zahlten wir auch weniger Gebühren.

Im selben Jahr, in dem in Köln der Dom begonnen wurde, 1248, verlieh der Kölner Erzbischof dem Städtchen schon das Pfarrrecht. So wuchs um Burg und Vorburg ein munteres Gemeinwesen, das im 13. Jahrhundert ganz ummauert wurde, zwischen Grabenturm und Katharinenturm, auf der Stadtseite mit wiederhergestellter Katharina. Hier, vor dem **Altstadttor** des 13. Jahrhunderts machen wir uns auf den Weg, um uns die ganze Schönheit Blankenbergs erst zu verdienen, ehe wir sie auch genießen.

Altstadttor

Pumpe von 1951

alte Baumkelter

Vom „Platz am Katharinenturm" wandern wir stadtauswärts an der Stadtmauer entlang und nehmen am Ende des Platzes, gegenüber den beiden Wandertafeln, rechts den gesperrten Fahrweg mit Andreaskreuz, vorbei am alten Kreuz aus den 1780er Jahren (auch „S" und „NP"). Hier steht die **alte Baumkelter** des Jahres 1620, denn Blankenberg war einst ein Weinort und ist es wieder, heute sogar mit einer Weinkönigin; gegenüber eine alte Ölmühle fern aus dem Hanftal, die nun ihr Gnadenbrot als Aussegnungshalle verdient. Wir wandern unterhalb der Stadtmauer entlang, vorbei am Kreuz der Familie Karl Pütz von 1915, und dann entlang an neu gepflanzten Reben vor der Mauer. Bei der Gabelung des Wegs halten wir uns mit den genannten Zeichen rechts und mit dem schmalen asphaltierten Weg nun rasch bergab.

Unter der Südwestecke der Altstadt wenden wir uns unter einem Kreuz vor blankem Felsen nach links und folgen mit den Wegezeichen der schmalen, doch stattlichen Lindenallee nun lange Zeit hinab. Zur Rechten fällt die Böschung ab bis an den Ahrenbach. Wir wissen nicht, wie alt der Weg ist, doch wir wissen, falls ihn Ritter waffenstarrend hoch geritten sind, so hatten sie den Schild auf ihrer linken Seite und waren oben, von der Stadt aus, leichter zu beschießen.

Unten, nach dem Bachlauf, gabelt sich der Weg. Weg „S" mit etlichem an Rundwegen verabschiedet sich hier nach links, wir bleiben rechts, am Bach, und folgen weiter dem Andreaskreuz („X"). So überqueren wir das Bächlein gleich darauf und stoßen vor der Böschung auf einen breiten Weg, dem wir links und aufwärts folgen, weiterhin mit „X". So geht es in der Kerbe eines kleinen Wasser aufwärts, nach gut 300 Metern mit einer S-Kurve quer durch das kleine Kerbtal und weiter hinauf, bis wir vor der freien Feldflur auf einen Fahrweg stoßen, eine schöne Obstbaumallee. Er bringt uns links 250 Meter weiter bis an die Abzweigung nach Beiert und das geweißte Kreuz von 1902. Hier gehen wir nun rechts, hinauf, passieren die Harfen der Hochspannungsleitung und wandern dann im **Weiler Hahnenhardt** weiter geradeaus, am Reiterhof vorüber und am Nussbaum gleich zum Ort hinaus („X").

Weiler Hahnenhardt

Schon wieder geht es sacht hinab bis in den Talgrund neben jungen Erlen und vor freiem Weideland. Dort verlässt uns der mit „X" markier-

Tour 12: *Rund um Stadt Blankenberg*

te Wanderweg nach links, wir bleiben auf dem rechten Rand des Tals, das immer noch das Tal des Ahrenbachs ist, und steigen nun schon wieder auf. Oben kommen wir aus Buchenwald an Streuobstwiesen heran. Der Weg schwenkt vor dem Becken einer Pumpanlage sacht nach rechts („NP 3") und bringt uns vollends auf die freie Höhe mit dem Örtchen **Unterbierth**. Erst zuletzt verrät uns unser Fahrweg seinen Namen („Sollstadt"). Hier folgen wir dem Fahrweg „Unterbierth" nach rechts und erreichen so bald das Sträßchen „Lescheider Weg". Mit ihm gehen wir nun halbrechts in die Sackgasse hinein und nehmen keine 150 Meter weiter, vor dem Ortseingang von Leischeid, den breiten Weg nach links, am Ort sowie am Zaun entlang, dann weiter geradeaus, sacht abwärts, am Hochsitz vorüber und auf den Waldrand zu („NP").

Unterbierth

Noch vor dem Waldrand zweigt ein Wiesenweg nach rechts und bringt uns unter Buchenzweigen in den Wald („NP 3"). Nach reichlich 100 Metern schwenkt der Weg dann links und führt uns weiter abwärts, wo wir abermals nach circa 100 Metern bei einem Wegedreieck jenen schmalen Weg erreichen, der den Verlauf des Adscheider Bächleins nach rechts verfolgt. Wir wandern fast im Weglosen auf einer alten Wegespur am Bach entlang, bis wir bei Eintritt in den Hochwald den Weg wieder gut erkennen. In einem Stück mit schlanken, hochstämmigen Erlen schwenkt unser Weg nach links und bringt uns über den Bachlauf hinweg, um ihm auch weiterhin zu folgen.

Eitorfer Tor

Wo der Weg dann in der Böschung mit dem Anstieg beginnt, passieren wir die Quelle „In der Euelseech" (der „Euelseiche"), die aus der Grauwacke kristallklar in das Bächlein sprudelt, einst die Trinkwasserversorgung des Dörfchens Adscheid auf der Höhe, wie wir lesen können. Keine 100 Meter stand bei einer Bank das Pumpenhaus mit seinen Bleichwiesen zu Nutzen und Frommen der Hausfrau auch noch im 20. Jahrhundert. Das war der Ort für Goethes Lieschen: „Hast nichts von Bärbelchen gehört?" Dabei kennt sie doch die Antwort selber: „Sie füttert zwei nun, / wenn sie isst und trinkt!" Heute hat Lieschen fließend Wasser warm und kalt aus einem Hahn, für die Wäsche einen Trockner, ein Handy und ein Arschgeweih – geblieben aber ist die Lust an fremden Schwangerschaften.

Von hier ab trugen sie das Wasser auf den Berg. Wir kommen ohne Wasser schon ins Schwitzen. Wo wir oben vor uns dann den spitzen Turm der Katharinenkirche und das Dach des Grabenturms entdecken, halten wir uns links, kommen zwischen weißen Häusern höher, kreuzen die Straße und wandern mit dem Hohlweg geradewegs bis an die kleine **Agathakapelle**. Wir sind in Adscheid, queren die „Agathastraße" und finden hinter der Kapelle den Dorfplatz mit der Wasserpumpe von 1951: ein kunstreiches Gebilde, das, von nichts als Wasserkraft betrieben, das Quellwasser bis auf die Höhe pumpte, 59 Meter

Agathakapelle

Einst auf blankem Berg

Tour 12: *Rund um Stadt Blankenberg*

hoch, zehn Kubikmeter in 24 Stunden. Auch Blankenberg hatte bis 1960 eine solche Pumpe. Heute kommt das Wasser aus der Wahnbachtalsperre.

Wir gehen weiter mit dem „Schöntalweg", vorbei am Spielplatz und zum Ort hinaus, in die Sackgasse hinein, nun wieder mit Weg „S". Vor den Tälern schwenkt der Weg nach links, nach 150 Metern dann beschreibt er eine vollständige Kehre und führt uns zwischen Weidezäunen weiter, vorbei an einem Schuppen und im hohen Gras der Sieg entgegen. Es geht durch eine flache Senke. Dann, bei einer Bank, stoßen wir auf einen Wirtschaftsweg und wandern weiter geradeaus, und mit jedem Schritt wächst Blankenberg, die Burgruine, vor uns aus den Wiesen.

Das ist der rechte Ort, um die Legende zu begreifen aus den Zeiten der Belagerung der

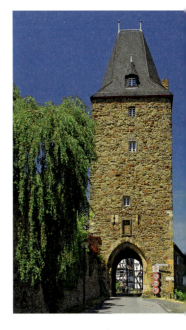

Katharinenturm

Burg: Da war ein Ritter so bedrängt, dass ihm der Herrgott riet, nach Norden an die Sieg zu springen, 80 Meter tiefer. Wie man weiß, versetzt der Glaube Berge, und wie man hört, verhilft auch Not zu großen Sprüngen: Der Ritter fasste sich ein Herz samt Kruzifix und Pferd – und sprang. Und schwamm. Doch wo das war, das sehen wir erst später.

Wo die Burg sich hinter einer Baumgruppe von Eichen verbirgt, finden wir ein Wegekreuz. Halbrechts steht eine Robinie mit einer Bank. Wir gehen vorher schon im Knick des Wegs halblinks an einem Weißdornbusch vorbei und zwischen Weidezäunen steil hinab, stoßen unten bald auf einen Fahrweg („Auf der Eichenbitze") und kreuzen, bei dem Umspannhäuschen „Hennef-Stein", die Talstraße „Am Ahrenbach". An der Leitplanke zur Linken finden wir dann wieder das Andreaskreuz des Wanderwegs 29.

Mit ihm folgen wir der Straße „Steinermühle", vorüber an der Mühle, die sich nun **„Mühle zu Blankenberg"** nennt, und steigen gleich dahinter, neben dem Bildstock, über Treppenstufen aus Grauwacke die Böschung hinauf. Seit dem April 2010 hat Blankenberg vom Tal aus einen Fußweg! Wir steigen Tritt für Tritt, sogar mit Handlauf bei Bedarf, dann geht es in der Böschung weiter ohne Steigung, bald mit dem as-

Mühle zu Blankenberg

Kölner Tor phaltierten Wanderweg hinan, und schließlich kreuzen wir die Straße und erreichen Blankenberg ganz passend durch das **„Kölner Tor"**. Links liegt das „Grabentor", dahinter, links, die Burg. Rechts geht es in die Stadt mit einem ausgestopften Bären (wo, wird nicht verraten), durch einen Durchlass an die Katharinenkirche, deren Wandgemälde aus dem 13. und 15. Jahrhundert mit dem Martyrium der Heiligen die Feuersbrunst von 1983 überstanden haben. Der Pfarrer hatte eine Heizdecke, es war der erste Fastensonntag dieses Jahres, im Beichtstuhl unversorgt gelassen. Links bringt uns dann die „Katharinastraße" an das Tor und an den Ausgangspunkt zurück.

Und wer noch nicht genug hat, wer zum Sprung des Ritters die entsprechende „Location" sehen möchte, der geht nun an der Stadtmauer entlang, nach links zurück bis an die Ecke in Nordost und dort halbrechts bis an die Aussichtsfläche „Höhkopf" mit dem Kruzifix von 1957.

Tour 13

Am Brückenhof steht eine Linde
Durch die Weinberge von Oberdollendorf

Seit mehr als 1.000 Jahren gibt es Dollendorf: 966 „Dullendorf", 1076 „Dollindorp", 1156 „Dolendorph" – und 1315 „in superiori Dollendorp", also Oberdollendorf. Und dennoch weiß noch immer niemand, was das Wort bedeutet. Ob das Dorf nach seinem Gründer oder einem frühen Herrscher heißt, seien das nun Tollo oder Dodilo, oder ob es nach dem nahen Berg, auf Keltisch „döl", wenn nicht, im Gegenteil, nach einer „Dolle" seinen Namen trägt, die eine Rinne, ja, womöglich einen Bach bedeute, ist immer noch nicht ausgemacht. Und wenn wir nun erfahren, dass einer der Gelehrten in dem Streit der Namen selber „Bach" heißt, ahnen wir, weshalb die „Rinne, Gosse oder Gracht" favorisiert wird.

Kurzbeschreibung

Anfahrt	B 42 bis Oberdollendorf, B 268 bis „Bachstraße" und links zum „Brückenhof". Parken an der „Bachstraße" oder im Ort, Parkplatz an der Kreuzung der „Caesariusstraße" mit der „Heisterbacher Straße". Navigation-Eingabe: 53639 Königswinter, Bachstraße 93 DB oder Bonner Stadtbahn (Linie 66) bis Oberdollendorf und bergwärts, „Lindenstraße" links zum „Brückenhof"
Dauer	1,5 – 2 Stunden
Länge	4,5 km
Wanderkarte	Eifelverein (Hg.): Drachenfelser Ländchen und Siebengebirge. Wanderkarte 1 : 25.000 (= Wanderkarte Nr. 38 des Eifelvereins)
Gasthäuser	In Oberdollendorf zahlreich, z. B. Weinhaus Gut Sülz, Bachstraße 157, Tel. 02223/30 10, im Winter Mo Ruhetag, **www.weinhaus-gutsuelz.de** Weinhaus Lichtenberg, Heisterbacher Straße 131, Tel. 02223/211 92, Fr Ruhetag, **www.weinhaus-lichtenberg.de**
Hinweise	Unbedingt besuchenswert: Heimatmuseum im „Brückenhof", Bachstraße 93, Tel. 02223/91 26 23, geöffnet an jedem 1. und 2. So 14.30 Uhr, **www.brueckenhof.de**
Auskunft	Naturpark Siebengebirge, Tel. 02223/90 94 94
www.	**www.naturpark-siebengebirge.de** **www.oberdollendorf.de**

Dann freilich wäre wohl die alte „Bachgasse" die Hauptader des Orts, und nicht die „Heisterbacher Straße" mit den vielen Autos, die vorher der „Kircheiper Landweg" war und insgesamt drei Namen führte. Die „Bachgasse", war, wie auch viele andere, um 1895 in „Bachstraße" umbenannt worden, um dem Dollen-Dorf ein wenig falschen Glanz zu geben, den es gar nicht nötig hatte und nicht hat, weil noch so viel vom alten da ist. Damals stand hier, an der nunmehr „Falltor-Straße" noch die alte Linde vor dem „Brückenhof" mit Bach und Brücke, denn damals floss der Mühlenbach noch durch den Ort. Auch er wurde 1895 städtisch gedeckelt. Schon 1866, für den Bau der Trasse für die Reichsbahn, hatte man Teile des Bachs kanalisiert.

Die Linde wurde 1949 abgetragen und durch eine neue ersetzt, die schon jetzt das ganze Dorf beherrscht, wenn man nur richtig schaut. Denn sie steht mit beiden Füßen sozusagen in dem alten Bach. Hier machen wir uns auf den Weg, um später, Öffnung vorbehalten, einzukehren in den alten „Brückenhof", der heute ein rühriges **Heimatmuseum** beherbergt. Die schöne Hofanlage (Haus Nr. 93) stammt aus dem späten 17. Jahrhundert (die Eichen dazu wurden zwischen 1681 und 1683 gefällt).

Heimatmuseum

Von der Linde geht es an der „Lindenstraße", die doch eine rechte „Gasse" wäre, und am „Brückenhof" vorüber. Mit Nummer 106 erreichen wir das alte Haus des Weinguts Broel-Blöser, dem die ganze Oberdollendorfer Rebenpracht, 7,2 Hektar, im nördlichsten Weinbaugebiet Deutschlands gehört (vgl. aber Tour 17). Hier biegen wir links in die „Laurentiusstraße" ein. Wer will, zieht 20 Meter weiter aus dem Automaten an der Wegetafel des Weinwanderwegs eine kleine lehrreiche Broschüre, und wer

Maria im Weinberg

Tour 13: *Durch die Weinberge von Oberdollendorf*

Oberdollendorf
Maria im
Weinberg

mag, der wandert hier nun geradeaus, den Ziffern dieses Lehrpfads auf der Spur. Wir hingegen folgen rechts und spitzwinklig dem „Hüllenweg". Der Name ist Programm, denn das Sträßchen wird uns später auf die „Hülle" oder „Helle" bringen, die Aussichtsstelle „Rheinblick" oberhalb der Reben.

Hinter den letzten Terrassenhäusern zur Linken ist der Weg gesperrt. Bei einem Wegedreieck neben einer Bank, die dem Wein den Rücken kehrt und auf die Kirche ausgerichtet ist, steigen wir nun weiter geradeaus, den Reben entgegen. Der Weg schwenkt rechts und bringt uns dann am nächsten Wegedreieck mit dem Schnittpunkt der drei Oberdollendorfer Lagen, Rosenhügel, Sülzenberg und Laurentiusberg, an eine sechseckige Sitzgruppe mit einem kleinen Denkmal wie ein Brunnen ohne Wasser: **„Maria im Weinberg"**, die Bronzeplastik des Oberdollendorfer Bildhauers Ernemann Sander, tief dekolletiert und lebensfroh gestaltet.

Hier folgen wir dem Schwenk im spitzen Winkel links, hinauf, zum nächsten Wegedreieck unter den Platanen der „Hülle". Nun gehen wir halblinks, dem Rhein entgegen, vorüber an Punkt 9 des Weinwanderwegs bis zum Aussichtspunkt (Nr. 8). Das Basaltlavakreuz mit Fahnenmast und zwei Bänken wurde 1987 aufgestellt zum 50. Geburtstag des Winzermeisters Josef Blöser. Schön reicht der Blick hier von der Wolkenburg mit Petersberg davor zur Godesburg gleich gegenüber, hinab auf unsere Linde und hinüber bis zum Turm der gelben Post in Bonn.

Hier wenden wir uns rechts, vorüber an Punkt 7, und erreichen gleich den Treppenaufstieg auf die „Hülle" (Punkt 6). Meist wird der Name mit „Helle" erklärt, was „Halde" meint als Abhang, Steilhang, jedenfalls den Ort, der nicht gerodet ist. Doch das ist nur ein Trick des Teufels, um nicht gleich die Katze aus dem Sack zu lassen, den Pferdefuß, an dem man ihn erkennt. Denn als Flurname heißt „Helle" Hölle und benennt weit weniger die Örtlichkeit als die Motive ihrer Namensgebung. Etwa, wenn ein Platz des heidnischen Spektakels für das Christentum gewonnen werden sollte.

Idyllenmühle Dazu passt nun bestens jener Steinkreis, der hier oben an der Panoramatafel ausgebreitet ist, vorausgesetzt, er ist tatsächlich 4.000 Jahre alt: 18 Steine in einem Kreis, wie mit einem Zirkel ausgerichtet. Stein 1 zeigt geradewegs nach Norden, Stein 8 nach Süden, Stein 3 markiert den Sonnenaufgang zur Sommersonnenwende, Stein 6 die Wintersonnenwende. Stein 7 weist zum Drachenfels, Stein 15 auf das Bonner Münster, Stein 14 auf den Venusberg, Stein 11 auf den entfernten Michelsberg, der seinerseits von zahllosen Sagen umwoben wird. Alter wie Bedeutung dieses Kreises sind umstritten, unbestritten ist der neuzeitliche Zweck der Mitte: eine Feuerstelle.

An der Blockhütte „Rheinblick" vorüber, erreichen wir den asphaltierten Weg am Oberrand der Weinberge mit einer Bank. Hier sind wir auf dem

Rheinsteig **Rheinsteig**. Wir gehen nicht nach links und Römlinghoven, sondern halbrechts weiterhin mit dem Oberrand der Reben. Vor dem Waldrand schwenkt der Rheinsteig rechts. Wir passieren neben einer Bank Station 10 des Weinwanderwegs, bei Station 11 erkennen wir die Kaskade zwischen Rosenhügel und Sülzenberg, der das Wasser gebremst in die Tiefe entlässt, damit sich eine Regenwasserüberschwemmung wie 1961 nicht noch einmal wiederholt. So geht es auch an Nummer 12 vorbei und schließlich an den Wald heran.

Hier nehmen wir Abschied vom Weinwanderweg und steigen links mit dem Kiesweg des Rheinsteigs sacht bergauf und in den Wald. Nach etwa 75 Metern stoßen wir auf einen schräg verlaufenden Weg in der Böschung

Tour 13: *Durch die Weinberge von Oberdollendorf*

und folgen ihm nun mit dem Rheinsteig rechts, hinab. Es geht durch schönen alten Buchenhaubergwald, jene Form der Holznutzung, die das Beiwort „nachhaltig" verdient hat, lange ehe es zum Buzzword der politischen Rhetorik wurde. Nach 200 Metern verspringt der Weg deutlich nach links, um einer Siefenkerbe auszuweichen. Dann geht es wenig später links um eine Felsennase der **Dollendorfer Hardt** herum, die hier sogar mit ihrem blanken Fels zutage tritt. 400 Meter weiter erreichen wir dann eine Gabelung. Hier gehen wir nicht links, hinauf, sondern weiter mit dem Rheinsteig auf dem schmalen splittgestreuten Weg nach rechts hinab, bis wir im Mühlental auf einen Querweg stoßen. Der Rheinsteig nimmt nun Abschied und schwenkt links („Kloster Heisterbach 0,9"). Wir aber sind, wenn man so will, am Ziel, am Mühlenbach mit einer Bank, an dem wir aufgebrochen sind am Brückenhof. Bachabwärts kommen wir bequem zurück. 18 Mühlen hat das Bächlein einmal angetrieben, Frucht- oder Getreidemühlen der Zisterzienser, Ölmühlen sowie Schleifmühlen, wenn auch nicht zur selben Zeit. Fünf sind durch das Urkataster von 1825 nachgewiesen, zwei finden wir noch vor, wenn auch schon lange nicht als Mühle. Die erste, einst die sechste, auf den ganzen Bach gerechnet, ist die schönste: die „Idyllenmühle", die alte Heisterbacher Ölmühle von 1728 mit (damals) oberschlächtigem Mühl-

Dollendorfer Hardt

Cahns Haus

rad an der linken Giebelwand, fünf Meter groß im Durchmesser, mit 40 Radschaufeln. Den schönen Namen gab ihr ein Besitzer, als sie schon keine Mühle mehr war, sondern nichts mehr als Idylle, und ihr Mühlrad krachte 1940, durchgerostet, unter einem steten Tropfen in den Bach.

250 Meter weiter führt ein Dammweg über den Bach hinauf zur „Heisterbacher Straße" mit dem Waldfriedhof. Wir bleiben rechts des Bachs und finden die Fundamentreste der alten unterschlächtigen „Schleifmühle", die, kaum zu glauben, auch „Großmühle" hieß, weil sie im Obergeschoss keine Wohnung, sondern weitere Mahlwerke hatte. Die letzte Mühle, sieht man ab von der wohl gut gemeinten, doch im Bachtal hoffnungslosen Turmwindmühle gleich am Ortsrand, ist die eher unscheinbare, kleine Heisterbacher

Mühle am Hellenberg von 1777, ein kleiner Fachwerkbau mit grün gerahmten kleinen Fenstern, der dennoch Platz genug für alles Mahlwerk und die Familie des Müllers bot.

So wandern wir zuletzt das Mühlental entlang, mit dem Bachlauf durch den Rechtsknick, bis wir schließlich den Ort erreichen und „Gut Sülz", das alte Weingut der Heisterbacher Zisterzienser, halb in Holz und ganz in Weiß gebaut. Im 19. Jahrhundert gehörte es eine Zeitlang der selbst ernannten „Rheingräfin" Sibylle Mertens-Schaaffhausen, daraufhin seit 1857 dem jüdischen Metzgerssohn David Cahn. Hier, zwischen „Gut Sülz" und den malerischen kleinen Fachwerkhäusern, wo bis in die 1950er Jahre der Aquädukt der Heisterbacher Talbahn stand, einer Kleinbahn für die Steinbruchbetriebe im Tal, müssen wir uns nun entscheiden: Links geht es mit der „Bachstraße" zurück zum „Brückenhof", noch schärfer links geht es „Cahns Berg" hinauf zur „Heisterbacher Straße" auf jenem kurzen, steilen Weg, den David Cahn persönlich angelegt hatte, und durch den Ort am Rande des Verkehrs zurück, vorüber an historischen Weinhäusern, „Bungertshof" und „Weinhaus Lichtenberg" bis hin zur „Bauernschenke", die einst eine Lohmühle war mit einer Linde vor der Tür und abgezweigtem Wasser aus dem Mühlenbach, und durch die „Lindenstraße" rechts, vorbei am Restaurant „Zur Mühle", das von 1910 bis 1956 wirklich einmal eine Mühle war, zurück zur Linde – oder geradeaus zum Parkplatz.

Tour 14

Wacker und erfolgreich
Von der Margarethenhöhe auf den Ölberg

Manche steigen früh genug hinauf, im Sommer mitten in der Nacht, um auf dem Berg den Sonnenaufgang zu erleben. Schade, dass das Gasthaus auf dem Ölberg dann noch nicht geöffnet ist. In der Karwoche sind wohl auch Menschen mit dem Kreuz darunter. Denn der Ölberg steht in biblischen Zusammenhängen. Das zeigt bereits sein Name. Leider zeigt es nur der Name, und der lautet „Ölberg" lediglich durch gut gemeinte Unterstellung. Geschenkt, dass ihn die Zisterzienser aus dem Heisterbacher Tal bewusst nach jenem Ölberg in Jerusalem benannt haben sollen! Dafür gibt es keinen Beleg. Aber auch nicht für den „Auelberg" im Auelgau: Das war eine historisierende Namenskonjektur des einschlägig interessierten Bonner Geschichtsprofessors Ernst Moritz Arndt, also bloße Willkür, Geschichtsklitterei. Einen Beleg gibt es auch dafür nicht.

Am Ölberg-Gasthaus

Kurzbeschreibung

Anfahrt	A 3 bis AS Siebengebirge, auf L 331 in Richtung Königswinter bis zur Passhöhe („Margarethenhöhe"). Parkplätze beiderseits der Straße. Navigation-Eingabe: 53639 Königswinter, Königswinterer Straße 428 DB bis Königswinter, Bus 520 bis Margarethenhöhe
Dauer	1 – 2 Stunden
Länge	2,5 km
Wanderkarte	Eifelverein (Hg.): Drachenfelser Ländchen und Siebengebirge. Wanderkarte 1 : 25.000 (= Wanderkarte Nr. 38 des Eifelvereins)
Gasthäuser	Gasthaus auf dem Ölberg, Ölbergringweg 100, 53639 Königswinter, Tel. 02223/219 19, Mo Ruhetag, www.gasthaus-oelberg.de
Auskunft	VVS, Tel. 02223/90 94 94
www.	www.naturpark-siebengebirge.de

Belegt ist der gute Basalt. Und deshalb gab es einen Steinbruch auf dem Berg, sodass die Prophezeiung nach Sacharja 14,4 beinahe eingetroffen wäre: „Und der Ölberg wird sich mitten entzweispalten vom Aufgang bis zum Niedergang, sehr weit voneinander, dass sich eine Hälfte des Berges gegen Mitternacht und die andere gegen Mittag geben wird." Doch 1899 schickten die Herren Merkens & Lück ihre Arbeiter nach Hause. Der Verschönerungsverein (VVS) erwarb den Großen Ölberg. Und das Siebengebirge behielt seine Landmarke, den schönen Kegel, den man weithin sieht.

Der hatte dem Berg auch den Namen gegeben: „Mahlberg" – wie in „Denkmal" oder „Muttermal". Mal eben hinauf kommt man nicht. Der Große Ölberg fordert Unterwerfung, ehe er dem Wanderer den Reiz der höchsten Höhe offenbart, 460,10 Meter oder, an der Hütte angegeben, „461 m über dem Meeresspiegel". Vom Basislager an der **Margarethenhöhe** folgen wir der alten „Ring-" oder „Verschönerungsstraße" nach Norden, die der VVS um die Wende zum vergangenen Jahrhundert angelegt hat. Wo sich die Wege gabeln, halten wir uns links („X" und

Margarethenhöhe
Höchste Höhe: Ölberg

„5" des Ölberringswegs) und wandern halbhoch in der Böschung. Zur Linken, unter uns, die Talstraße nach Königswinter. Nach einem guten halben Kilometer seit der Gabelung schwenkt der Weg nach links mit einer Kerbe im Gelände.

Hier erreichen wir die „Stuttgarter Hütte" des Schwäbischen Albvereins von 1969. Wer sich nun wundert, warum der baden-württembergische Verein so fern der Heimat eine Hütte baut, wozu und auch – für wen, dem sei verraten, dass der größte Wanderverein Europas zwischen Aalen und Zwiefaltendorf zahlreiche Ortsgruppen hat, eine auch in Bonn.

Nun machen wir uns an den Aufstieg. Wir gehen vor der Hütte rechts und folgen dem Rheinhöhenweg („R") bis auf den „Oelberggipfel",

Tour 14: *Von der Margarethenhöhe auf den Ölberg*

Blick vom Ölberg auf den Rhein

wofür der Hinweisstein uns 20 Minuten berechnet. Im Buchenwald liegt der basaltene Hangschutt in wuchtigen Blöcken. Unser Aufstieg zielt zu Anfang links am Berg vorbei, ehe er uns dann in einer spitzen Kehre rechts und weiter aufwärts bringt.

So erreichen wir dann an der Versorgungsstation der Antennenanlage die Zufahrt und den lindenbestandenen „Humbroich-Platz". Eine Bronzetafel rühmt hier die Verdienste des Mannes, der den Petersberg gerettet hat und den sein Denkmal heute noch als „wacker" und „erfolgreich" feiert. Noch 1884 hatte die Rheinprovinz den Berg gekauft, um seinen Steinbruch auszubeuten. Humbroich, Rechtsanwalt zu Bonn, rief 1886 einen „Verein zur Rettung des Siebengebirges" ins Leben, obsiegte satzungsgemäß vor Gericht und gliederte sich mit seinem eigenen Verein, der seinen Zweck erreicht hatte, 1892 in den Verschönerungsverein ein.

Von hier aus bringen uns der gelb markierte Rheinsteig-Zugang und der **Rheinhöhenweg** später geradewegs hinab zur Margarethenhöhe. Doch vorher steigen wir noch auf und über die Stufen am Handlauf bis an das „Gasthaus auf dem Oelberg" mit der stimmungsvollen „Jaegerstube" unten und dem bürgerlichen „Ausblickrestaurant" darüber. Von

Rheinhöhenweg

Am Humbroich-Platz der Terrasse im Wind schauen wir nach Süden auf die Löwenburg, geradewegs über den Lohrberg hinweg, und auf mehr als sieben Berge. „Der Kölner Dom, wenn er einfiele, kann von Menschenhand wieder aufgebaut werden, aber das Siebengebirge, wenn es einmal zerstört, vermag niemals wieder eines Menschen Auge zu erfreuen." – Hier oben wird der Satz des damaligen Kölner Oberbürgermeisters Wilhelm Becker, der eigentlich nur eine Selbstverständlichkeit beschreibt, auch heute noch zum Argument.

Tour 15

Friede dem Bergfried!
Von der Margarethenhöhe auf die Löwenburg

Was dem Reisenden im Rheintal der Drachenfels bedeutet, hat Lord Byron 1816 für die Nachwelt in Verse gehauen: „The castled crag of Drachenfels / Frowns o'er the wide and winding Rhine" (sinngemäß: Der zinnenstarrende Fels des Drachenfels schaut finster über den weiten, sich windenden Rhein). Dass er da den niedrigsten der sieben Berge mit seiner alten Burg verherrlicht hatte, konnte er kaum ahnen. Die höchsten Berge sieht man nicht vom Rhein aus: Ölberg, Lohrberg, Löwenburg. Der Letztgenannte trägt auch eine Burgruine, aber diese 124 Meter höher. Kein Esel und auch keine Zahnradbahn bringt den Ausflügler hinauf, das Autofahren auf der „Löwenburger Straße" ist lange schon verboten – und führte auch früher nur bis zur Passhöhe des „Löwenburger Hofs".

Aufriss und Grundriss

Kurzbeschreibung

Anfahrt	A 3 bis AS Siebengebirge, auf L 331 in Richtung Königswinter bis zur Passhöhe („Margarethenhöhe"). Parkplätze beiderseits der Straße. Navigation-Eingabe: 53639 Königswinter, Königswinterer Straße 428 DB bis Königswinter, Bus 520 bis Margarethenhöhe
Dauer	2 – 3 Stunden
Länge	Ca. 6 km
Wanderkarte	Eifelverein (Hg.): Drachenfelser Ländchen und Siebengebirge. Wanderkarte 1 : 25.000 (= Wanderkarte Nr. 38 des Eifelvereins)
Gasthäuser	Löwenburger Hof, Tel. 02223/244 46, www.loewenburger-hof.de
Auskunft	VVS, Tel. 02223/90 94 94
www.	www.naturpark-siebengebirge.de

Löwenburg-Gipfel

Geografisch sind die beiden Berge längst nicht eine Klasse, und politisch waren sie es lange nicht: Als Grenzfestung der Grafen von Sayn war die Löwenburg der Widerpart zum kurkölnischen Drachenfels, keine drei Kilometer von jenem entfernt. Und hat der Drachenfels den vielleicht berühmteren Blick auf das Rheintal, so hat die Löwenburg auf jeden Fall den weiteren. Das entschädigt für den Aufstieg.

Von der Margarethenhöhe folgen wir der „Löwenburger Straße" und passieren gleich das „Naturparkhaus" des VVS. Nur wenige Meter weiter wandern wir dann mit dem **Rheinhöhenweg** nach rechts („R"). Links liegt das Forsthaus Lohrberg. Es geht im Wald vorüber an der eingefassten Lohrberg-Quelle und mit Weg „R" bald an den „Nasse-Platz". Zur Linken sehen wir den alten Steinbruch für Trachyt, rechts das baumbestandene Plateau mit dem großen Gedenkstein für den wirksamsten Beschützer des Gebirges vor solcher Steinebrecherei: „Dem Ober=Präsidenten der Rheinprovinz Berthold Nasse".

Rheinhöhenweg

Gleich hinter dem Eingang in den Steinbruch weisen uns die Zeichen „R", „X" und das gelbe Symbol des Rheinsteig-Zugangs links auf einen Steig, der uns rasch aufwärts bringt und im Linksschwenk die felsige Kuppe durchbricht. Wir steigen weiterhin bergauf („R"), durch Fichten, junge Buchen, dann im Schwenk durch die Geländekerbe eines Siefens und hoch im Hang durch eine enge Kehre links und dann

Tour 15: *Von der Margarethenhöhe auf die Löwenburg*

zwei weitere Kehren hinauf, bis wir den breiten Weg erreichen, der ohne Steigung um den Lohrberg verläuft. Er bringt uns rechts gleich an die Hütte am „Drei-Seen-Blick": Auf dem ausgesetzten Felssporn des **Erpelentalskopfs** mit Geländer sieht man hier den Drachenfels mit der Ruine und den Rhein gleich dreimal, wenn auch nicht einmal als See. In der Hütte lesen wir in Bronze: „Dem treuen Hüter der Sieben Berge Oberbürgermeister Dr. h.c. Spiritus. 1892 – 1931 V.V.S."

Erpelentalskopfs

Wir wandern weiter mit dem Rundweg „2" und dem Rheinhöhenweg, an den Felsen der Merkenshöhe vorbei mit einer kleinen Bronzetafel für den Förster Günther Leonhardt, im VVS von 1959 – 1992. So kommen wir zum Wald hinaus und überqueren hier die Streuobstwiese bis zur Passhöhe am „Löwenburger Hof", dem alten Wirtschaftshof der Löwenburg, als sie noch nicht Ruine war. Jetzt müssen wir nur noch entscheiden, ob wir vor dem Aufstieg Pause machen oder nach dem Gipfel.

Der Weg nach oben ist am Gasthof beschrieben: 300 Meter weiter und dann an der Schranke scharf nach rechts und um den halben Berg herum. Die Burgruine, die wir dann erreichen, ist gewissermaßen eine Rekonstruktion der 1980er Jahre, die eine Vorstellung von der einstigen Bedeutung gibt. Am höchsten Punkt, 455 Meter hoch, steht um eine kleine Eiche eine Sitzgruppe aus Holz, gestiftet einem ehemaligen Lehrer des Siebengebirgsgymnasium von einem Schüler. Wir wünschen beiden, dass der Knabe während seiner Schulzeit zumindest halb so dankbar war wie jetzt.

Löwenburger ...

Bald soll der Baum nicht mehr das höchste sein: Eine Allianz von Heimatforschern und Lokalpolitikern will den Bergfried neu errichten lassen, von dem nur noch die Fundamente zu erkennen sind. Schon ist eine „Machbarkeitsstudie" in Arbeit. Und warum soll der Turm nicht „machbar" sein? Da stand ja einer immerhin bis 1881. Eine „Wünschbarkeitsstudie" halten die Bad Honnefer in ihrer Begeisterung offenbar für überflüssig. Der Nachfolger soll aus Beton, wahlweise auch aus Glas errichtet werden, immerhin kein „Leuchtturm", wie die Bürgermeisterin versichert. Auch kein „Disneyland". Aber eine Landmarke, die von der Autobahn aus gut zu sehen ist und so dem Kegelberg die Wirkung nimmt. Warum nicht einen schwarzen Stier von Osborne?

Dann steigen wir hinab, wie wir gekommen sind, vorbei am „Löwenburger Hof", vorüber an der Wandertafel und nun auf dem Fahrweg weiter („2" und „4"), im halben Bogen um die **Streuobstwiesen** rechts und unterhalb. Sie sind bei Schnee rasante Rodelhänge.

Streuobstwiesen

Beim Eintritt in den Wald schwenkt unser Fahrweg links; im nächsten Rechtsschwenk verabschiedet sich Weg „K" bei einem hölzernen Kreuz. Wir bleiben auf dem Fahrweg mit den Zeichen „2" und „4" im Wald, anfangs noch leicht steigend, beschreiben dort nach einem Vier-

... Winter

Tour 15: *Von der Margarethenhöhe auf die Löwenburg*

telkilometer eine weite Kehre nach links und wandern dann am Waldrand weiter, nun sacht hinab, entlang am Ortsteil Lahr. Wo der „Lahrring" rechts verläuft, passieren wir erneut das Forsthaus Lohrberg, wieder links, und wandern mit der „Löwenburger Straße" geradeaus, zurück zur Margarethenhöhe.

Links des Rheins

Tour 16

Heinrichs letzter Blick
Zum Rolandsbogen auf den Rodderberg

Er kam von fern gezogen / zum Rhein, zum Rhein. / Beim Wirt zum Rolandsbogen, / da kehrt' er ein: Jörg Ritzel (1864 – 1941), deutscher Dichter aus Sankt Goarshausen, traf auf dem Bogen über Rolandswerth Sophie, des ersten Wirtes schönes Töchterlein, mit Augen heiß wie Köhlchen, wie er schrieb, mit Ringellöckchen, Miederstänglein, leicht geschürzt, nicht leicht zu haben – und Ritzel schrieb sein Lied, das Männerchöre heute noch mit Inbrunst intonieren. Geteiltes Leid ist halbes Leid, denn als die Maid im Bett lag, in der fünften Strophe, da lag der trunkene Poet im Sand. Muss man ergänzen, dass er da alleine lag?

Vorherige Doppelseite: Haus Fürth

Kurzbeschreibung

Anfahrt	B 9 bis Bonn-Mehlem, dort in Richtung Wachtberg, in Niederbachem der Beschilderung „Reitanlage Gut Broichhof" folgen. Parkplatz neben der Kapelle gegenüber der Zufahrt zum Broichhof. Navigation-Eingabe: 53343 Wachtberg, Vulkanstraße
	DB bis Bonn-Mehlem, Bus 857 bis Niederbachem, Vulkanstraße und mit Rheinhöhenweg „R" zum Start
Dauer	2 Stunden
Länge	4,5 km
Wanderkarte	Eifelverein (Hg.): Drachenfelser Ländchen und Siebengebirge. Wanderkarte 1 : 25.000 (= Wanderkarte Nr. 38 des Eifelvereins)
Gasthäuser	Gasthof „Gut Broichhof", 53343 Wachtberg, Tel. 0228/34 50 36 www.gut-broichhof.de
	Restaurant „Rolandsbogen", Rolandsbogen 0 (Anfahrt über Vulkanstraße), 53424 Rolandswerth, Tel. 0228/43 34 24 40, im Winter Mo/Di Ruhetage, www.rolandsbogen.de
Hinweise	Das rheinseitige Teilstück des Rheinhöhenwegs („R") ist am Wochenende von 10 – 19 Uhr für Kraftfahrzeuge gesperrt.
Auskunft	Gemeinde Wachtberg, Tel. 0228/95 44-0
www.	www.wachtberg.de www.biostation-bonn.de www.mineralien-fossilien-bonn.de/Lesestein/rodderberg.pdf

Tour 16: *Zum Rolandsbogen auf den Rodderberg*

Drachenburg ...

Gäbe es heute die schöne Sophie und käme ein Dichter und stellte er sich besser an: Die beiden könnten sogar heiraten hier oben, jeden Freitag im Bedarfsfall wird die „Schatzkammer" des Restaurants zur Außenstelle des Standesamts von Remagen. Motto: Hoch gefreit, allzeit bereit!

Der Rolandsbogen über Rolandseck ist, wenn man will, der Sehnsuchtsbogen kurz vor Schluss der ganzen Rheinromantik, die mit den sieben Bergen gegenüber endet. Er ist Belohnung für die Plackerei den Berg hinauf vom Rhein, vorbei am Denkmal Freiligraths; und ein eleganter Zwischenstopp bei einer leichten Runde um den Rodderberg, den Hausberg aller Jogger mit ästhetischem Empfinden.

Diesseits aller Rheinromantik verbindet Ausgangspunkt und Ziel des Wegs eine ungewöhnliche geologische Konstellation. Der Rodderberg wie auch der Rolandsbogen sind Vulkane, zwischen ihnen liegt kein Kilometer, aber Erdzeitalter. Denn der Rodderberg ist erdgeschichtlich jung, ein Relikt des Pleistozäns. Er brach vor 350.000 Jahren aus und war zuletzt vor 26.000 Jahren aktiv, ähnlich wie der Laacher See. Der Rolandsbogen dagegen verdankt seinen Basalt einem weit älteren Vulkanismus.

An der **Kapelle**, wo der Weg beginnt, stehen wir hoch auf dem Rand des jüngeren Kraters, wie wir leicht erkennen können. Vor uns, in der Kratermulde, liegt der Broichhof mit den Anlagen des „Reit- und Jagdclubs Rodderberg". Der Durchmesser des Kraters kommt auf 800 Meter, das vulkanische Gestein seines Walls, Schlacken und Tuffe, waren ein begehrtes Baumaterial; und vermutlich wäre der Rodderberg in sei-

Kapelle

... und Drachenfels

ner markanten Form längst verschwunden, hätte man ihn nicht 1927 vom Markt genommen, unter Schutz gestellt, 73,25 Hektar insgesamt.

Der Krater selber, einmal 50 Meter tief, ist in der Eiszeit mit Lößboden gefüllt worden und bot somit die besten Bedingungen für eine landwirtschaftliche Nutzung und Besiedlung seit dem Mittelalter. In der Mitte des 19. Jahrhunderts stifteten die damaligen Besitzer des Broichhofs die Kapelle am Ende der Kastanienallee, die neben der steinernen Stele mit dem Namen des Guts auf den Hof zuführt.

Hier folgen wir vom kleinen Parkplatz dem Rundweg um Wachtberg („W") und dem **Rheinhöhenweg** („R") rheinabwärts und auf eine flache Kuppe zu, ins Naturschutzgebiet. Nach etwa 100 Metern verlassen wir den gut markierten Wanderweg und nehmen, hinter einem flachen Wiesenweg quer durch den Krater, rechts den Weg an einer kleinen Eiche vorbei auf die Höhe.

Rheinhöhenweg Der Weg ist beiderseits von runden Stämmen eingefasst, die bei der Steigung noch als Handlauf dienen, oben dann den Weg begrenzen, damit die Magerwiesen nicht zertreten werden. Links sehen wir ein wenig abseits den Vermessungsstein des Kraterrands: 173,66 Meter sind wir nun hoch. Höher als die Kuppe hier, im Nordwesten des alten Vulkans, ist nur der Südrand des Kraters, 195,30 Meter. Gut ist von hier die Fernsicht zu genießen, die Godesburg, der neue Turm der gelben Post, jenseits des Rheins die renovierte Drachenburg mit Drachenfels, besser noch der Nahblick auf die Trockenwiesen, Heimstatt für den scharfen Mauerpfeffer, Feldmannstreu und Flügelginster, für Kartäusernelke, Berg-Sandglöckchen und schmalblättrigen Hohlzahn, ein Biotop mit feinem Mikroklima, das auch spät im Jahr noch Schmetterlinge lockt.

Am weiten Wegedreieck auf der Höhe gehen wir halblinks hinab, rechts böte sich ein kurzer Weg für Schlaumeier und Faule, und wir erreichen neben einer Hinweistafel („Erhalt durch Nutzung") wieder den Rheinhöhenweg („R"). Nun geht es rechts, sacht hinab, bis an den asphaltierten Panoramaweg hoch über dem Rhein. Links bietet sich Gele-

Tour 16: *Zum Rolandsbogen auf den Rodderberg*

genheit zum Abstecher in eine Tuffgrube mit einem Rest von basaltener Schlacke. Der weitere Weg verläuft dann rechts mit „R" und „W" rheinaufwärts, und so erreichen wir den **„Heinrichsblick"**, drei Linden und zwei Bänke, dazu den Hinweis in Bronze: „Historische Richtstätte des Amtes Mehlem". War Heinrichs Blick ein Blick, der töten konnte?

Heinrichsblick

Nein: Dies war Heinrichs letzter Blick. Dann fiel er in die Schlinge seines Henkers. Längst sind wir neugierig geworden: Heinrich liebte Kunigunde, die liebreizende Tochter eines Amtmanns von Mehlem, und Kunigunde liebte ihn. Sie wollten heiraten. Sie waren miteinander unterwegs im Kottenforst, um Verwandte persönlich zur Hochzeit zu laden. Da merkte Heinrich oder sagte es auch bloß, dass er da einiges vergessen habe, und kehrte um.

Im Wald, so weiter, hörte er ein Stöhnen, fand eine Frau in ihrem Blut und schleppte sie ins Dorf, wo sie verstarb. Das war die Stunde für das Fähnlein der Zukurzgekommenen. Die Rivalen um die Liebe Kunigundes rotteten sich auf dem Rodderberg zusammen und bewegten das Gericht zu richten, ohne nach Gerechtigkeit zu suchen. Heinrich blieb nur Zeit, sein Erbe noch zu ordnen: Eine Hälfte ging an Kunigunde, von der zweiten wünschte er in jedem Jahr an seinem Todestag eine Messe lesen zu lassen – man habe schließlich einen Unschuldigen gerichtet. Noch heute treffen sich die Mehlemer Sebastianus-Schützen an jedem Karnevalsdienstag hier oben, um seiner zu gedenken. Kunigunde ging ins Kloster Nonnenwerth. Nur der Fall der toten Frau im Kottenforst, der wartet heute noch auf seine Klärung.

Rolandsbogen

Heinrichs Panorama
: An Weißdornbüschen geht es weiter, bis Eichen und Robinien den Blick ins Tal verstellen. So kommen wir nach Rheinland-Pfalz, das uns „herzlich willkommen" heißt. Gut 600 Meter weiter weisen alle Schilder nach links in den Wald und auf den Rolandsbogen hin. Vorbei an einem Turm von 1848, erreichen wir den letzten Kegel hoch über dem Rhein und steigen über Treppen auf zum meistfotografierten Efeu der Welt.

Rolandsbogen
: Mehr noch als von Efeu ist der **Rolandsbogen** von Geschichten überwuchert. Die schönste unter ihnen erzählt von Roland, dem mutigen Vasallen Karls des Großen. Seine Liebste, Hildegunde, war ins Kloster gegangen, als nach einer Schlacht in Spanien die schlimme, wenn auch falsche, Kunde kam, Roland sei gefallen. Es half auch nichts, dass Roland höchstpersönlich dementierte: Hildegunde saß im Inselkloster Nonnenwerth, das auf solche Ordensschwestern von minderer Motivation abonniert war, wie es scheint, und Roland baute eine Klause auf der Höhe, von wo aus er tagaus, tagein hinunterschaute, tränenblind.

Das Kloster ist noch da, jetzt als Gymnasium der Franziskanerinnen. Rolands Bogen stürzte eines Nachts im Winter 1839 in den Rhein, aber ausgerechnet der Umstürzler Ferdinand Freiligrath schrieb einen Spendenaufruf in 20 Strophen für die „Kölnische Zeitung", dessen

Tour 16: *Zum Rolandsbogen auf den Rodderberg*

Pathos Herz und Portemonnaie der Leser rührte: „So wieg ich sinnend denn mein einsam Haupt! / Aus meiner Laute, die ich stumm geglaubt, /Erschallt ein Griff: ihr sollt den Schutt erheben!" Und so geschah's. Der Schutt erhob sich, und der Fensterbogen wurde wieder hergestellt. Er hat nur einen Haken: Von hier aus ist das Kloster nicht zu sehen. Hier jedenfalls kann Roland nicht gesessen haben. Es war der Dombaumeister Zwirner, der nicht hinunter, sondern in die Zukunft schauen wollte und die Ausrichtung des Bogens auf den Drachenfels betrieb.

Die Romeo-und-Julia-Geschichte rührte nicht nur Konrad Adenauer, der sich hier oben verlobte. Hier ist alles literarisch, auch der Weinberg unterhalb des Bogens, 170 Stock Riesling, den 1965 der damalige Wirt Heinrich Böhm angelegt hat, dessen Familie den Bogen von 1893 bis 2007 unter ihrer Obhut hatte. Anfangs stand hier eine Bretterbude, die dem ästhetischen Empfinden vieler Rhein-Romantiker Hohn sprach. Am 8. Mai des Jahres 1929 wurde der massive Neubau eingeweiht. Heute gehört die romantische Stätte einer Entwicklungsgesellschaft. Ob man es zünftig oder kulinarisch wünscht: Hier ist in jedem Fall gut rasten, bei Sonnenschein auf der Terrasse, des Abends und im Winter im Salon, dem Jörg Ritzel durch ein Bild von 1935 nach wie vor verbunden ist.

Wir kehren von der romantischen Klippe am Rhein zurück auf das **Plateau des Rodderbergs** und wandern weiterhin mit dem Rheinhöhenweg („R", Weg „W" hat vorher die Abkürzung über den Südrand des Kraters genommen), nach 300 Metern vorüber an der Zufahrt

Hier herauf

Start und Ziel

zum Rodderberger Hof, dann durch die schöne Nussbaumallee bis an den Asphaltweg. Nun folgen wir rechts dem Verlauf der Wasserburgen-Route. 400 Meter weiter, an der „Römerstraße" mit einer Wegetafel wie auch an der „Rolandstraße", halten wir uns halbrechts und steigen mit Weg „W" auf den Kraterrand hinauf, erneut ins Naturschutzgebiet mit schönem Blick nach allen Seiten. Links sind es dann 400 Meter bis zur Kapelle vor dem Broichhof.

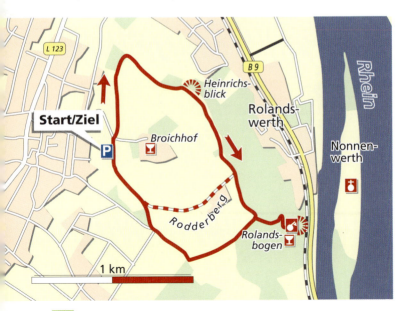

Tour 17

Kamelle im Baum
Vom Heimatblick in den Kottenforst

Die Parallelen könnten glatt erfunden sein: Für 59 lange Jahre, von 1950 bis zum 27. September 2009, war das Gasthaus „Heimatblick" hoch auf dem Villerücken oberhalb von Alfter wie von Bornheim-Roisdorf beliebtes Ausflugsziel für Gäste aus dem Vorgebirge, aus Bonn und aus dem ganzen weiten Umland. Die übersichtliche Geschichte dieses Ausflugsrestaurants genügt, um das Geschick der deutschen Bundesrepublik in diesen Jahren zu erzählen: vom Anfang mit dem kleinen Kiosk 1950 durch die Wirtschaftswunderzeit bis zum Hotelneubau im

Kurzbeschreibung

Anfahrt	A 555 bis AS Bornheim, in Bornheim 500 m links bis „Brunnenallee", dort rechts, am Ende „Brunnenstraße" rechts kreuzen und mit „Schussgasse", „Donnerstein", „Essener Straße" hinauf, links „Brombeerweg" und „Eibenstockweg" bis zum Parkplatz am alten „Heimatblick". Navigation-Eingabe: 53332 Bornheim, Eibenstockweg DB bis Roisdorf und über „Brunnenallee" hinauf
Dauer	3 Stunden
Länge	10 km
Wanderkarte	Eifelverein (Hg.): Rheinbach, Alfter. Wanderkarte 1 : 25.000 (= Wanderkarte Nr. 6 des Eifelvereins)
Gasthäuser	Am Heimatblick derzeit keine. Nahe dem Kamelleboom: Bistro im Römerhof (Golfplatz Römerhof), 53332 Bornheim-Brenig, Tel. 02222/92 93-0, **www.bistro-roemerhof.de** In Alfter: Hotel-Restaurant „Spargel-Weber Lammerz", Knipsgasse 24, 53347 Alfter, Tel. 02222/22 79, **www.spargelweber.de**
Hinweise	Es existiert ein informatives Kartenblatt des Naturparks Rheinland: „Kraut und Rüben", Blatt 1 (Schutzgebühr 1,- Euro).
Auskunft	Stadt Bornheim, Tel. 02222/945-0 Naturpark Rheinland Tel. 02271/83 42-09
www.	www.bornheim.de www.naturpark-rheinland.de www.heimatfreunde-roisdorf.de www.wir-im-vorgebirge.de www.weinberg-roisdorf.de

Jahre 1968, dann weiter mit der Zeit des Wohlstands und vielen prominenten Gästen bis zum Niedergang, als Bonn nicht länger Hauptstadt war und das Saisongeschäft nicht mehr genügend abwarf für das ganze Jahr.

Die Pointe freilich kommt erst noch, und sie passt derart in die Zeit entfesselter Finanzmärkte, als habe sich das jemand ausgedacht: Zuletzt erwarb die neudeutsche „TXL Business Academy" Hotel und Restaurant, ebenso das „Herrenhaus Buchholz" gleich um die Ecke herum, dem lange schon die alte Bonner Kundschaft weggeblieben war. Dort wolle man, so der erklärte Zweck der Immobilie, die Mitarbeiter die feinen Tricks des Börsen- und Devisenhandels lehren. Doch das goldene Kalb stand auf tönernen Füßen, genauer: Der finanzielle Sockel der feinen Gesellschaft waren Darlehen der Mitarbeiter, also Geld, das aus der rechten Tasche in die linke Tasche kam, wenn auch ganz offensichtlich in die linke einer fremden Hose. Das führte in die Insolvenz und rief die Staatsanwaltschaft auf den Plan. Von „hochriskantem Zocken" war die Rede. Und vom „Heimatblick" und seiner Lehre ist nichts geblieben als die Leere – und der Blick.

Panorama- Der freilich ist an schönen Tagen nach wie vor bewundernswert. Und
weg so lohnt ein Gang hier immer, sei es auf dem kurzen **Panoramaweg**,
Heimatblick der 2005 in der Villeböschung ausgeschildert wurde, oder auch die
(2007) Runde in den Kottenforst hinein mit anschließendem Panoramaweg.

Tour 17: *Vom Heimatblick in den Kottenforst*

Am „Heimatblick", am Ende des „Eibenstockwegs", hoch auf dem Villerücken mit dem Blick auf Bonn vor sieben Bergen, machen wir uns auf den Weg. Wir folgen hier dem Keil des Eifelvereins (Weg 2b) nach Süden, vom Felsklotz am Parkplatz vorüber an der alten Minigolfanlage bis an den Oberrand der Böschung. Hier beginnt der schmale Friedensweg von Wilhelm Maucher (s. S. 131). Links steht die Christus-Statue wie jene größere in Rio de Janeiro. Der asphaltierte Weg bringt uns hinab, vorüber an den pazifistischen Geboten und Weißdornstämmen ganz zuletzt.

Hier finden wir zur Rechten unter einer riesenhaften Eiche den **jüdischen Friedhof** von Alfter, seit der Deportation der letzten jüdischen Bürger von Alfter 1941 nur ein Denkmal seines eigentlichen Zwecks, dem er von 1719 bis 1938 diente. Wir wandern weiter geradeaus, und folgen dann, nach gut 150 Metern, bei einer Bank dem asphaltierten Querweg rechts (Keil). Nach reichlich 100 Metern knickt bei einem Kruzifix das Sträßchen rechts. Links ginge es zum „Aussichtspunkt Böhling" über Alfter. Wir verlassen hier die Straße und folgen sacht halbrechts dem schnurgeraden, kiesigen Weg durch den hochstämmigen Mischwald, weiter mit dem Keil.

Christus am Friedensweg

jüdischer Friedhof

Der Weg steigt an und läuft dann bald am Rand der Weidefläche weiter. So kommen wir nach einem guten halben Kilometer an ein breites Wegekreuz. Hier gehen wir nach links, in den Wald hinein, und folgen lange Zeit der „Alfterer Hofe-" oder „Hufebahn". Und wenn das Zeichen des Keils nur noch sporadisch zu entdecken ist, so ist der Weg doch überhaupt nicht zu verpassen. Es geht durch den Wald mit leichtem Auf und Ab, am Siedlungsrand von Alfter weiter, vorbei an Koppeln, dann vorüber an der alten „Kuhtriftsbahn", nun ein Fahrweg in den Ort, immer geradeaus.

Bei einer Bank passieren wir einen Bildstock mit einer Marienfigur unter Eiben. Der Weg nach rechts ergäbe eine gute Abkürzung. Wir aber wandern weiter und finden etwa einen Dreiviertelkilometer darauf zur Rechten in der Böschung neben einer Traubeneiche ein kleines Kreuz aus Stein von 1811. Hier hatte man in jenem Winter einen Mann aus

Alfterer Friedhof

Gielsdorf, Heinrich Löben, 66 Jahre alt, erfroren aufgefunden. Er hatte Feuerholz gesucht mit Pferd und Schlitten, hatte sich im Wald verirrt, drei Kilometer von zu Hause, wo man ihn nur zur letzten Ehre betten konnte.

Kamelleboom
800 Meter weiter stoßen wir bei einem großen Wegekreuz im Wald, fast einer platzartigen Lichtung, auf den „**Kamelleboom**". Ein Hinweisstein von 1978 erzählt von einer Grenzeiche, die hier gestanden haben soll, akkurat für ein halbes Jahrtausend, zuletzt doch von den Zeiten sehr gezeichnet. Ein Waldarbeiterfahrzeug stieß ihn schließlich aus Versehen um. Der Baum war nicht zu retten, doch er wurde als ein Denkmal seiner selbst mit einer Plombe wieder hergestellt, denn er war nicht nur Geschichte, sondern hatte selber eine: Der Baum war hohl, und die Bäuerinnen aus dem Swisttal, auf dem Weg zurück vom Kölner Markt, den sie seit 1844 mit der Eisenbahn von Roisdorf gut erreichen konnten, ließen hier im Inneren Kamellen für die Kinder rieseln, wenn sie ihr Gemüse mit Gewinn veräußert hatten. Das heißt: Bis hierher kamen ihnen die Kinder entgegen. Selbst im Beton hat man die Röhre für die Bonbons wieder hergestellt. Wir versuchen es mit Gummibärchen – und es funktioniert. Als man dann später eine Linde pflanzte als „Kamelleboom II", zierte man die Lichtung obendrein mit alten Kottenforster Grenzmarkierungen. Eine trägt die Zahl des Jahres 1793: Das war, als auf der Place de la Concorde Ludwig XVI. auf die Guillotine stieg. In den Kottenforst kamen die republikanischen Franzosen schon im Jahr darauf, seitdem war es vorbei mit der fröhlichen Jagd auf Herzogenart. Der Kottenforst wurde Forêt Impériale.

Tour 17: *Vom Heimatblick in den Kottenforst*

Mit der Kreuzung haben wir unmerklich den Verlauf der **römischen Eifelwasserleitung** erreicht. Da wir nun im spitzen Winkel rechts abbiegen, folgen wir für ein Stück ihrem Lauf und ihrem Wanderweg mit dem Symbol des Röhrenquerschnitts. Dass man rechts im Wald nichts mehr von ihren Steinen findet, nur ihren Ausbruchgraben, liegt auch an diesem Weg, den die Römer zum Bau des Kanals wie zu seiner Wartung angelegt hatten: Auf ihm ließ sich das ausgebrochene Gestein im Mittelalter auch gut abtransportieren!

Wir sind jetzt auf der alten „Roisdorfer Hufebahn". Bei einer morschen Bank vor einem großen Kahlschlag zweigt ein Weg nach rechts ab. Wir bleiben weiter auf dem breiten, hellen Weg, bis wir bei einer Bank den „Weißen Stein" erreichen, ein uraltes Gemarkungszeichen, zur Jahrtausendwende wieder hergestellt.

Hier verlassen wir den Weg geradeaus und wandern rechts in Richtung „Heimatblick 2 km". Es geht vorbei an einer achteckigen Schutzhütte und bald zum Wald hinaus („2b"), hier weiter geradeaus. An der „Großen Apostelhecke", dem Flurstück auf der flachen Höhe des Hennessenbergs, passieren wir eine Grillhütte mit einem Parkplatz, überqueren eine Kreuzung und erreichen 400 Meter darauf ein braunes Holzkreuz zwischen kleinen Nussbäumen, auf das ein kleines Kruzifix geschraubt ist. Wir wandern nun auch hier noch geradeaus,

römische Eifelwasserleitung

Im Kottenforst

Hohl auch im Zement: der „Kamelleboom"

vorüber an den letzten Brombeerhecken, bis wir auf den quer verlaufenden „Brombeerweg" stoßen.

Hier halten wir uns auf dem hellen Kiesweg links, 300 Meter weit. Dann stoßen wir auf einen Querweg mit einer Einfahrt gegenüber und gehen auf dem Kiesweg rechts. Nach 100 Metern, ehe unser Weg mit dem Gelände vor uns abfällt, wenden wir uns links, auf einen Funkmast zu, der aussieht, als sei er für alles drei Nummern zu groß, und folgen nach knapp 300 Metern dem asphaltierten Fahrweg rechts und sacht hinab. So erreichen wir den nützlichen hölzernen Aussichtsturm des „Landschafts-Schutzvereins Vorgebirge", von dessen Plattform man den Reichtum dieser Landschaft auf dem Villerücken gut erkennt, daneben auch, wovor sie geschützt werden soll: Vor weiterem Quarz-Abbau wie in der Grube nebenan.

Dieser Kampf ist gewonnen seit 2010. Jetzt nimmt der Schutzverein es mit der Polizei auf, denn die betreibt den indiskreten Mast dahinter. Wir sehen das Siebengebirge und in umgekehrter Richtung die Kirch- und Wassertürme auf dem Vorgebirge, angefangen mit dem hellen Bau von Sankt Evergislus in Brenig.

Wieder unten, folgen wir dem Fahrweg durch den Hohlweg noch ein Stück hinab bis an den Wasserhochbehälter mit dem kleinen Parkplatz. Auf gleicher Höhe biegen wir nun rechts im spitzen Winkel in den gesperrten Fahrweg ein. Das ist der „Blutpfad", der von hier bis

Pilgerpfad Alfter führt, ein **Pilgerpfad** von alters her von Alfter zur Reliquie des Heiligen Blutes in Brenig, sehr zur Freude der Breniger Winzer, die in diesen Tagen, zweimal im Jahr, reichlich ihren Roten an die Wallfahrer verkauften, sei es zur Beköstigung, sei es auch zum Mitnehmen in Flaschen – sozusagen als Ersatzblut oder Blutersatz.

Bei so viel blutbehafteten Details wundert man sich wenig über die Legende, derzufolge auf dem Blutpfad einst drei Nonnen aus dem Kloster Brenig überfallen und ermordet wurden, gerade, als sie mit der Blutreliquie auf der Flucht vor den Franzosen waren! Doch für die-

Tour 17: *Vom Heimatblick in den Kottenforst*

se fromme Überlieferung gibt es keinen, der sie glaubt, keine Spuren, keine Zeugen, nicht einmal die Leichen.

Der Weg verläuft nun quer zur Böschungskante und schwingt sich in den Falten des Geländes auf und nieder. Es geht vorbei an einem Weg nach links hinab, entlang an **Apfelbaumplantagen**, auf der Höhe dann vorbei an einer Pferdekoppel. Weiterhin vorüber an Gemüse und dem Schützenplatz der Roisdorfer Sankt-Sebastianus-Schützen von 1848. Beim Blick zurück entdecken wir den Kölner Dom.

Apfelbaumplantagen

Auf der nächsten Höhe, hinter einem Wohnhaus in beneidenswerter Fernseh-Lage, finden wir ein ermunterndes önologisches Kleinod, eine Parzelle mit Reben, wie sie in Roisdorf einmal üblich waren. Weinbau ist im Ort belegt seit dem 11. Jahrhundert, am Blutpfad immerhin seit 1487, und leicht lässt sich der Hang des Vorgebirges denken wie der Rheingau: von oben bis unten mit Reben bepflanzt. Doch mit Schutzbestimmungen für Gemüseanbau von hohen Steuern bis zu Strafzöllen drängten die Preußen in Berlin seit 1820 den Weinbau zurück. 1901 wurde hier zum letzten Mal geherbstet. Jetzt wächst wieder Wein im Vorgebirge, seit 1996 am Botzdorfer Maibroich, seit 2001 auch hier oben. Der kleine Wingert hat die alten, autochthonen Sorten, auch Spätburgunder und den heiklen, aber erstklassigen Frühburgunder.

Gedenkkreuz Heinrich Löben

Wir wandern nur noch wenig weiter. Unterhalb des alten „Heimatblicks" erreichen wir ein frisch begrüntes Wegedreieck, drei Linden neben einer Bank, und wandern hier im spitzen Winkel rechts zurück, mit dem „Brombeerweg" hinauf. Auf der Höhe stoßen wir vor dem „Buchholzweg" auf den quer verlaufenden „Eibenstockweg" und wandern links zurück zum „Heimatblick". Der Blick, wie gesagt, ist noch da. Und vielleicht fängt die Geschichte mit dem Heimatblick noch einmal an – so wie damals, 1950. Und wäre es auch nur mit einem Kiosk.

Am Blutpfad

Wilhelm Maucher, der Rebell

„Es kann der Frömmste nicht in Frieden leben, wenn es dem bösen Nachbarn nicht gefällt." – Aus Schillers „Wilhelm Tell" ist der markante Spruch gleich in das Reich der Sprichwörter gewandert: Wem die Milch der frommen Denkart erst einmal in gärend' Drachengift verwandelt ist, den nennt die Umwelt leicht „Rebell" – wie Wilhelm Tell, und nicht bloß um des Reimes willen.

Wilhelm Maucher war ein frommer Mann aus Alfter, der schwer nur Unrecht dulden konnte. Er machte Stimmung gegen Hitler, er desertierte dann im Krieg, als Bauer legte er sich später mit den Siegermächten an wie mit Minister Erhard. Bald hatte er den zweiten Namen weg: „Rebell vom Vorgebirge". Und sollte der ein wenig auch geringschätzig gemeint gewesen sein, so führte Maucher ihn wie einen Ehrentitel. Und als ihn Ludwig Erhardt lehrte, den Zwischenhandel auszuschließen und etwa seine Brombeerüberschüsse nicht gleich zu verkaufen, sondern selbst zu Obstwein zu verarbeiten, da nannte er das leckere Ergebnis selbstbewusst „Rebellenblut", ließ sich den Namen vom Patentamt München schützen und wartete auf den Erfolg.

Das war 1953. Der Erfolg kam schnell und war gewaltig. Mit seinem Alkoholgehalt von 15 bis 18 % wurde das naturreine und handverarbeitete Rebellenblut aus Alfter in Bonn und auch um Bonn herum zur Designerdroge wie zur Bionade der 1960er Jahre und blieb es lange Zeit, im Grunde genommen bis heute. Maucher rühmte sich sogar, den schwer erkrankten Bundeskanzler Ludwig Erhard mit einem Kistchen Wein kuriert zu haben. Am liebsten freilich tranken es die Leute dort, wo es gewachsen war: auf dem Villerücken über Alfter, auf den drei Sonnenterrassen des „Heimatblicks".

1945, zum Dank für das Ende des Kriegs, hatte Maucher am Oberrand der Ville die Christusfigur des Bonner Bildhauers Jakobus Linden errichten lassen, die heute noch dort steht. Mit 75 Jahren, 1978, legte er zwischen dem „Heimatblick" und dem jüdischen Friedhof von Alfter einen „Friedensweg" an, dessen sogenannte „Gebotssteine" in aller Ungemütlichkeit die dringendsten Appelle des pazifistischen Rebellen Maucher formulieren: Fürbitten gegen das Wettrüsten wie gegen Unrechtsjustiz und Medienverdummung.

Am 11. November 1993 starb Wilhelm Maucher. An ihn erinnert inmitten seines Friedenswegs ein Hinweis im Sockel des segnenden Christus. Das „Rebellenblut" bewahrt in seinem Markennamen heimlich sein Gedächtnis weiterhin, und wohl noch eine ganze Zeit. Denn Blut, wie Brombeersaft, ist allemal dicker als Wasser.

Tour 18

Auf dem Klüttenweg
Nach Walberberg und Merten

Walburga kam aus Devon, fern im Westen Englands. In Wimbourne-Minster lernte sie den rechten Glauben und trug ihn wie ihr Onkel Bonifatius als Missionarin nach Europa. Sie starb in Heidenheim und lag dort 90 Jahre ungestört im Grab, bis sie der Papst aus Anlass ihrer Umbettung nach Eichstätt heiligsprach. Vermutlich gab es damals eine Ratingagentur für tote Klosterfrauen, die solche Konjunkturen steuerte. Das war anno 870. 200 Jahre später war sie wieder unterwegs, nun aber en detail, als Reliquie. Viele Orte wollten wenigstens ein Stück

Kurzbeschreibung

Anfahrt	A 553 bis AS Brühl/Bornheim, dort im Kreisverkehr gleich rechts nach Walberberg und mit der „Hauptstraße" durch den Ort bis zum großen Parkplatz an der Ecke mit der „Frongasse." Navigation-Eingabe: Bornheim, Hauptstraße 88 KVB-Linie 18 bis Walberberg, dort Aufstieg zur Hauptstraße
Dauer	Ca. 3 Stunden
Länge	10,5 km (ohne Abstecher zum Grab Bölls 8,5 km, vielfach abzukürzen, vgl. Karte)
Wanderkarte	Naturpark Rheinland (Hg.): Brühl und die Villeseen. Freizeitkarte 1 : 25.000 (Schutzgebühr 1,- Euro)
Gasthäuser	Gaststätte und Hotel „Waldhof", Schebenstraße 21, 53332 Bornheim-Merten, Tel 02227/92 45 92, www.waldhof-hotel.com Landhaus Wieler, Hauptstraße 94-96, 53332 Bornheim-Walberberg, Tel. 02227/25 22, www.landhauswieler.de Hotel-Gasthof „Zur Krone", Hauptstraße 112, 53332 Bornheim-Walberberg, Tel. 02227/47 18, www.gasthof-zur-krone.net Domäne Walberberg, Rheindorfer-Burg-Weg 39, 53332 Bornheim-Walberberg, Tel. 02227/85-0
Hinweise	Das Doppelgrab von Annemarie und Heinrich Böll erreicht man, wenn man vom bergseitigen Eingang aus links geht, in der vierten Gräberreihe rechts.
Auskunft	Stadt Bornheim, Tel. 02222/945-0 Naturpark Rheinland, Tel. 02271/83 42 09
www.	www.bornheim.de www.naturpark-rheinland.de

Tour 18: *Nach Walberberg und Merten*

Die Kitzburg

von ihr zur Abwehr aller häufigen Gefahren, Tollwut, Pest und Seuchen, Krankheiten im Stall und schlechte Ernten auf dem Feld. So kam sie auch in der Gestalt von Hirnschale und Reisestab nach Berg, das heute noch im Volksmund „Berch" gerufen wird: Grund genug für eine neue Kirche, damals schon aus Stein, und Grund genug für einen neuen Namen für das Dorf, das seither keine schlechten Ernten kennt: „mons sanctae walburgis" im Schriftdeutsch des christlichen Mittelalters, in der Ville für den Volksmund: Walberberg.

Die Lößablagerung der Vorgeschichte, windabgewandt und halbmondförmig als Terrasse zum Rheintal ausgerichtet, hat das Vorgebirge zur Obstkammer und zum Gemüsegarten der Metropolen gemacht. Die Römer waren nicht die Ersten, die hier siedelten. Ihre Wasserleitung aus der Eifel verlief der Länge nach durch den jetzigen Ort. So wurde aus dem Revisionsweg des Kanals die „Hauptstraße". Und die Banausen späterer Epochen brachen dort den Stein und bauten damit ihre Häuser – „Banausen" hießen, wie man weiß, im Griechischen die Handwerker.

Vom Marktplatz folgen wir der „Frongasse" hinauf, mit dem Zeichen des Römerkanals vorbei am **alten Fronhof**, in dessen alter Zehntscheune bis zum Ende des Feudalzeitalters 1803 die Abgaben gebunkert wurden. Oben stoßen wir auf die „Kitzburger Straße", die unterhalb der Kirche gleich in die „Walburgisstraße" übergeht. Rechts, vor

alter Fronhof

der Grundschule, also etliche Meter zu hoch, steht ausgestellt ein Stück der Römerleitung: Beim Hausbau 1965 kam man unten ohne diese Steine aus, während die Kirche und die Mauer des Pfarrgartens den Stein der heidnischen Kanalbauer noch heute verwenden.

Gerichts-linde Gegenüber steht die imponierende **Gerichtslinde**, unter der bis in die Neuzeit hinein Gericht und Markt gehalten wurden. Die urkundlich erwähnte Linde von 1478 war vielleicht der Vorgänger des heutigen Baums. Seit jüngstem steht hier auch der „Blaue Stein", dunkel schimmernder Basalt, der zur Urteilszeremonie gehörte, sei es, dass die Übeltäter „über den Stein gestoßen" wurden und verbannt, sei es, dass sie gleich am Galgen endeten.

Direkt neben der Kirche der heiligen Walburga gab es früher eine Burg.
„Hexen-turm" Von ihr ist nichts geblieben als der **„Hexenturm"**, weiß wie ein Taubenturm auf Mykonos. Wir finden ihn, als wir am Ende der Kirchhofsmauer links aufsteigen (Zeichen des Jakobswegs). Nach 100 Metern steht er rechts, hinter ihm das Panorama des Rheintals zu Köln wie eine Fototapete für „Höhner"-Fans.

Wir folgen der „Walburgisstraße" weiter durch den Ort (Römerkanalweg und Jakobsweg), mit der „Oberstraße" vorbei an umgebauten
Pfarrhaus Walberberg Bauernhöfen, dann mit der „Enggasse" hinauf, am Ende über eine

Tour 18: *Nach Walberberg und Merten*

flache Höhe und bei einer Kreuzung mit einer Sitzgruppe an ein Wegekreuz heran. Hier mit der „Hohlgasse" nun weiter geradeaus, bis wir den „Rheindorfer-Burg-Weg" erreichen. Er bringt uns, nach wie vor mit dem Symbol des Römerkanals, nach links und gleich vorüber an der neu geschaffenen „Domäne Walberberg", das noch immer weitbekannte, seit 2007 aber ehemalige Kloster Walberberg, das die Dominikaner nicht halten konnten und an den amerikanischen Wellness-Vermarkter „Summit Healthcare" verkauften. Der Name der uralten Burg, die eine Wasserburg des 11./12. Jahrhunderts war, stammt von einem näheren Gewässer als dem Rhein: Auch das war der Römerkanal, respektlos „Rinne" oder „Ren" und „Ryn" genannt.

Wir wandern mit dem Sträßchen weiter, nach wie vor im Zeichen des Römerkanals. Bald sehen wir zur Rechten wieder einen Turm, doch der gehört dem Phantasialand. Es geht so mitten durch die freie Flur, am Ende noch einmal nach Walberberg. Hier gabelt sich der Weg bei einer Birke. Die Siedlung entlang der „Coloniastraße" liegt in der Niederung der alten Grube, die anfangs „Colonia" hieß, ehe nebenan die **Grube „Agrippina"** ausgebeutet wurde. Von hier aus schaute man nach Köln und ließ sich so beim Namen inspirieren. Wir halten uns auf dem kiesigen Weg mit dem vertrauten Zeichen links, vorbei am Stein für den Katasterdirektor Karl Weimar, und sehen, wie die Grube neben uns allmählich tiefer wird. Zur Linken eine Pferdekoppel, dann geht es in den Wald. Gleich darauf passieren wir an einem Wegekreuz ein kleines Holzkreuz hoch an einer Robinie und finden dann im Grünen unter uns das Himmelsblau des Berggeistsees. Die Grube „Agrippina/Berggeist" war ursprünglich eine kleine Braunkohlegrube, die den bodennahen Rohstoff gewissermaßen „für den Hausgebrauch" gewann. Mit dem Konjunkturschub nach dem Krieg von 1870/71 gegen Frankreich stieg der Kohlebedarf sprunghaft, und Berggeist wurde nun industriell ausgebeutet. Ab 1883 befeuerte die Brühler Zuckerfabrik ihre Kessel mit der rohen Braunkohle. Fünf Kilometer weit schwebte die Kohle in einer Seilbahn bis zu der Fabrik, die im Osten Brühls dort lag, wo heute eine Straße nach ihr heißt: „An der

Kolonialstil

Grube „Agrippina"

"Hexenturm" alten Zuckerfabrik". Später kam eine Brikettfabrik dazu, um jenseits der Rübensaison den Abbau zu nutzen. Mitte der 1930er Jahre wurde die Grube geflutet: So entstand der Berggeistsee, 24 Hektar groß, bis zu zwölf Meter tief, trotz aller Verbote ein beliebter Badesee. Und auf dem übrigen Grubengelände wuchs das Phantasialand.

So erreichen wir im Wald ein Wegedreieck neben einer alten Bank. Hier verlassen wir das Zeichen des Römerkanals und folgen links alter dem „V" des „Villewegs". Das ist der **alte „Klüttenweg"**, der noch vor Klüttenweg 100 Jahren von der Kohlegrube 2,5 Kilometer schnurstracks durch den Wald nach Merten verlief. Nach 750 Metern mit Moorbirken und Eichen stößt von links der Jakobsweg hinzu, um uns bei einer Bank, nur einen Steinwurf weiter, rechts ab zu verlassen. Noch einmal 700 Meter weiter, inmitten Eichen mit Kiefern dazwischen, kreuzen wir bei einer dunklen Hütte einen Weg, der links als „A 11" bis zum Wanderparkplatz oberhalb von Trippelsdorf führt. Dann kommen wir, nur einen halben Kilometer weiter, bei einem Wegekreuz zum Wald hinaus und wandern weiter geradeaus bis zur Siedlung Mertener Heide.

Jeder Weg nach links hinüber wäre eine Abkürzung. Wir wandern mit der „Ulrichstraße" geradeaus bis an ihr Ende, dann mit der „Silcherstraße" links, bis wir schließlich auf den „Rüttersweg" stoßen. Hier fin-

Tour 18: *Nach Walberberg und Merten*

den wir auch, rechts wie links, das Symbol des Rinnenquerschnitts wieder, das den Römerkanalweg signalisiert. Links führt der Weg zurück, rechts zu Heinrich Böll: Gegenüber der Bäckerei „Krüger" geht es durch die stille „Matthias-Dickhoff-Straße", und dann nach 250 Metern mit dem hier noch unbenannten „Friedensweg" nach links, vorbei am zweiten Wasserhochbehälter, durch den Wald und zwischen Häusern sacht hinab bis an den Querweg, wo man rechts den kleinen schmucken **Mertener Friedhof** mit der romanischen Kapelle findet. **Mertener Friedhof**

Vom bergseitigen Friedhofstor aus liegt dann links, gleich in der vierten Gräberreihe, das Doppelgrab von Annemarie und Heinrich Böll, der 1985 hier unter großer öffentlicher Anteilnahme seine letzte Ruhe fand. Sogar der Bundespräsident war dabei, Richard von Weizsäcker, unangekündigt, denn offiziell galt die Feier als „privat". Seit dem Mai 2010 ist Böll ein Ehrenbürger Bornheims. Für den Rückweg folgen wir dem „Rüttersweg" dann in die Gegenrichtung, von der „Silcherstraße" aus betrachtet, scharf nach links. Es geht die letzten Meter durch den Ort, dann in den Wald, dort über die Kreuzung mit der „Schottgasse" hinweg, bald zum Wald hinaus und neben einer weiten Pferdekoppel vorüber am Londorfer Kreuz mit einem Wanderparkplatz. Hinter ihm der 68 Meter hohe Fernmeldeturm.

„Klüttenweg"

Wir wandern weiter, wieder in den Wald, wo sich der alte Karrenweg als tiefer Hohlweg in den Schneeberg eingegraben hat. Dann schwenkt der Weg nach rechts, und wir sehen die ziegelfarbene Kitzburg, auch sie weit älter, als es jetzt den Anschein hat. Es geht hinab, über den Siebenbach hinweg, an der Mauer entlang und endlich an die Toreinfahrt heran. Dann weiter im Zeichen des Römerkanals und mit der „Kitzburger Straße" durch den Ort, bis wir zuletzt, noch vor der „Frongasse", nach rechts den Spielplatz überqueren, am Bolzplatz vorbei, und die letzten Meter abwärts steigen bis hinab zum Markt.

Friedhofskapelle Merten

Böll und Köln

„Wenn die Nazis nicht gekommen wären, der Krieg nicht gekommen wäre – eine Hypothese – und ich wäre Schriftsteller geworden, dann würde ich ja wahrscheinlich heute in Berlin leben, verstehst du?"
Dieser Satz zu einem Freund, gesprochen 1978 in einem Interview für ein MERIAN-Heft über „Köln", kann begreiflich machen, dass Heinrich Böll kein Kölner Schriftsteller war. Er war ein Schriftsteller aus Köln. Und viele Jahre auch in Köln. Und doch war das Verhältnis zwischen Heinrich Böll und seiner Heimat- und Geburtsstadt Köln oft gespannt. Als Sprecher Kölns verstand er sich nie und wurde dann, fatal, als „Nestbeschmutzer" angesehen, nur weil die Stadt ihm fremd geworden war – aus Gründen, die er immer klar benannte: Das Auto-Köln, das die Nord-Süd-Fahrt mitten durch die Häuser schlug, lehnte er zeitlebens ab. Die Schönheit seiner Vorkriegs-Stadt war nie mehr zu erreichen. Als er vom ersten großen Geld in Müngersdorf ein Haus erwarb, zudem noch in der Belvedere-Straße mit einem Namen wie einem Vorzeichen, da störte ihn das Rasenmäher-Köln, und er zog bald zurück. Aus der Hülchrather Straße zog er, im selben Jahr, in dem er Kölner Ehrenbürger wurde, zu seinem Sohn nach Bornheim-Merten. Ein Affront war auch das nicht, nur Vorsorge und Fürsorge für einen Sterbenskranken.
Kölner Schriftsteller war Böll auch nicht aus einem zweiten Grund: Er hat so gut wie niemals über Köln geschrieben, auch wenn die meisten Leser das vermuteten. Köln ist in keinem seiner Romane so konkret zugegen wie beispielsweise in den „Ansichten eines Clowns" die Hauptstadt Bonn. Und wer bei „Katharina Blum" vor seinem Auge der Erinnerung das Kölner Uni-Center wiederzuerkennen glaubt, verrät, dass er den Film gesehen hat. Im Buch steht davon nichts.
Als Kölner Ehrenbürger hätte ihm ein Grabplatz auf Melaten zugestanden, das ist wahr. Doch städtischer Repräsentant war Böll schon zu Lebzeiten nicht, wie denn im Tod? Weit eher wäre denn die Stadt zu schelten wegen eines peinlichen Gezerres um ein Straßenschild in Köln für Böll. Niemand musste seine Anschrift ändern, als denn zuletzt ein Platz für ihn gefunden war, weil ein Treppenabsatz an der Brückenrampe eigentlich kein Platz ist, höchstens öffentlicher Raum. Dass er umstritten blieb, hat auch in Bornheim niemanden gewundert. Und dennoch heißt der Dorfplatz „Heinrich-Böll-Platz", und seit dem Mai 2010 ist Böll auch Ehrenbürger seiner letzten Heimat Bornheim.

Tour 19

Benedikts Hügel
Über das Marienfeld bei Kerpen

Hier war es. Dort stand er. Diesen Hügel haben an einem einzigen Tag 250 Millionen Menschen – angeschaut? Betrachtet? Wahrgenommen? Bleiben wir bescheiden und sagen: immerhin gesehen. So wie dieses Kreuz und diesen steinernen Altar. Wie viele würden die Höhe jetzt wiedererkennen, ohne all das Drumherum, verwechselbar wie irgendeine in der weiten Flur, wo nur künstliche Erhebungen mit wiederangesiedelter Natur den Blick begrenzen. Nichts erinnert mehr daran, dass gar nicht weit von hier das Dörfchen Bottenbroich mit einem Kloster lag und einer prachtvollen Marienstatue von 1420, nach der das Feld nun seinen Namen hat: Marienfeld. Nichts, außer der Erinnerung. Denn alles Land ringsum war noch vor Jahren ausgehöhlt und ausgekohlt im Tagebau. Bis zu einem Viertelkilometer tief war hier die Grube. Doch auch davon gibt es nur noch die Erinnerung.

Kurzbeschreibung

Anfahrt	A 4 bis AS Kerpen, dann in Richtung Kerpen, L 122 in Richtung Türnich, nach Kreisverkehr mit L 162 zum Parkplatz Marienfeld am Dressurstall Gut Mödrath. Navigation-Eingabe: 50171 Kerpen, Burg Möderath DB oder R 12 bis Horrem, Bus 966 oder 976 bis Marienfeld
Dauer	Gut 2 Stunden
Länge	Ca. 7 km
Wanderkarte	Naturpark Rheinland (Hg.): Kerpen und das Marienfeld. Freizeitkarte 1 : 25.000 (Schutzgebühr 1,- Euro)
Gasthäuser	Am Weg keine. Gourmet-Empfehlung in der Nähe: Schloss Loersfeld, Schloss Loersfeld, 50171 Kerpen, Tel. 02273/577 55, www.schlossloersfeld.de In Kerpen: Hotel „St. Vinzenz", Stiftsstraße 65, 50171 Kerpen, Tel. 02237/923 14-0, www.hotel-vinzenz.de
Auskunft	Naturpark Rheinland, Tel. 02271/83 42 09
www.	www.naturpark-rheinland.de www.gut-moedrath.de

Tour 19: *Über das Marienfeld bei Kerpen*

Der Hügel selber und das Kreuz erinnern uns daran, dass hier Papst Benedict XVI. beim 20. Weltjugendtag 2005 in Köln mit Hunderttausenden die Nachtwache hielt und die Abschlussmesse feierte. Damit er nicht nur im Fernsehen, weltweit in 54 Ländern, zu sehen war, wurde der Hügel errichtet, knapp zehn Meter hoch, eine Ellipse von 40 mal 70 Metern und unser Ziel bei dieser Runde.

Papsthügel

Bei **Burg Mödrath** machen wir uns auf den Weg: Die Wohn-„Burg" aus dem Jahre 1835 lag einmal am Westrand der Gemeinde, jetzt liegt sie hart im Osten, denn das alte Mödrath, 1260 „Mutrode", war 1956 umgesiedelt und mit dem alten „Wech nach Colln" und allen Dörfern in der Nähe abgebaggert worden. Kloster Bottenbroich war zuvor schon den pilgernden Baggern zum Opfer gefallen. Boisdorf hatte eine Galgenfrist bis 1975. Dann waren auch hier die Bagger dran: Der Tagebau Frechen war der erste Großtagebau im Rheinischen Revier. Im bescheidenen Maßstab hatten schon die Mönche von Bottenbroich Braunkohle gefördert, jetzt aber ging es darum, Kohle gegen Menschen aufzuwiegen, allein im Frechen-Kerpener Revier 334 Millionen Tonnen gegen ganze 7.000.

Burg Mödrath

Auf der Höhe des Aussichtsplateaus vor uns lesen wir das Wesentliche über die geschichtliche Entwicklung und finden den Gedenkstein an „die Ortschaft Mödrath", die „bis zur Umsiedlung durch die Rhein-

Horchposten und Aussichtspunkt

braun AG 1958 – 1962" hier lag. Jetzt ist sie Stadtrand von Kerpen. Und wirklicher Trost ist es kaum, dass auch „Rheinbraun" verschwunden ist, die „Rheinische AG für Braunkohlenbergbau und Brikettfabrikation" von einst, und seit 2003 „RWE Power" heißt.

Dann steigen wir hinab in Richtung Gut Mödrath und folgen rechts im spitzen Winkel dem schönen Sandweg mit den Zeichen „K 1" und „K 10" des Eifelvereins in den **Biotopbereich Boisdorfer-See**. Gleich am Wegedreieck halten wir uns links und erreichen wenig später das Kreuz aus dem Jahre 2000, das an die St.-Quirinus-Kirche von 1840 erinnert, die bis 1963 noch hier stand. Links, am Rand der freien Feldflur, zieht sich eine Weißdornhecke. So geht es eine ganze Weile am Biotop entlang, und wo die Flur zur Linken endet, abermals mit einer Hecke, und in locker aufgeforstetes Gelände übergeht, folgen wir noch immer unserem bequemen Weg.

Biotopbereich Boisdorfer-See

Zuletzt, nach einem Kilometer, erreichen wir eine Freifläche mit einzelnen benannten Bäumen und Sitzbänken darunter. Hier schwenken wir nun rechts und folgen dem „K 10" hinab in die weitläufige, flache Senke, auch hier mit einem breiten, sandigen Weg. Das frische Grün ist mit Vogelstimmen dichter besetzt als ein Klavier mit schwarzen Tasten. Und dennoch ist die Mulde doch auch eine Zwecklandschaft: Bei Erfthochwasser kann sie, wie wir später noch erkennen werden, die Wassermassen regulieren helfen. Der Erftverband hat sich die Mühe gemacht, die Kapazität dieses „Hochwasserrückhaltebeckens" (HRB Mödrath) zu berechnen: Die Mulde fasst ganz ohne Staudamm so viel an Volumen wie das Stadion auf Schalke unter seinem Dach! Anders

Tour 19: *Über das Marienfeld bei Kerpen*

ausgedrückt: Man könnte auch das Erfthochwasser nach Gelsenkirchen pumpen! Es geht in der Linksbiegung des Wegs vorbei an einer Bank und endlich aus der flachen Geländewanne wieder hinaus. Nun folgen wir dem breiten Querweg rechts.

Nach knapp 250 Metern erreichen wir ein Wegekreuz: Hier steht ein metallenes Kreuz von 2004, errichtet zur Erinnerung an den kleinen Ort Boisdorf, der rings um diese Stätte lag und 1975 abgebaggert wurde. Wir gehen nun rechts („K 10"), erneut hinunter in das aufgeforstete Gelände, 600 Meter weiter ohne nennenswerte Kurven. Dann steigt der Weg aufs Neue an, und wir erreichen einen Ruheplatz am blinkenden Spiegel des **Boisdorfer Sees**, ohne Übertreibung einen Schutzpilz aus Designerhand, steingefüllte Gabionen an wetterfestem Edelrost. **Boisdorfer See** Boisdorf hatte keinen See, und seit 1975 nur noch einen Namen, den niemand länger brauchte, außer zur Erinnerung. So hat man den friedlichen Rekultivierungssee im Überflutungsbereich der Erft damit getauft. Den Fröschen, ob sie quaken oder keckern, ist das Gewässer ganz ohne Zweifel ein Gewinn.

Wir wandern weiterhin am See entlang („K 10"), bald wird der Blick zur Rechten frei. Nach einem halben Kilometer folgen wir das kurze Stück dem unmarkierten Weg nach links und stoßen neben einer Bank vor der Ackerfläche auf den breiten, splittgestreuten und gewalzten Radweg. Im Wechsel werden hier Kartoffeln, Raps, Gemüse angebaut,

Boisdorfer See

Gott sei Dank!

damit der Ackerboden irgendwann einmal die Konsistenz und Qualität der alten Krume hat. Rechts, von nun an vor uns, sehen wir das Ziel: nicht das Gewerbegebiet Türnich am Horizont, sondern den Papsthügel mit dem Kreuz.

Nach weiteren 400 Metern passieren wir ein Wegekreuz: Nach rechts führt später uns der Weg zurück. Jetzt aber halten wir uns geradeaus, noch einmal an einem Sandweg vorüber und an einem Teich bis an

Papsthügel den **Papsthügel** heran. An den Absperrpfosten vorbei, folgen wir dem Weg hinauf, „herzlich willkommen" geheißen von den Nachbargemeinden Kerpen und Frechen, die sich das Marienfeld genauso teilen wie den neuen Hügel.

Alles hat hier symbolische Bedeutung, die Zahl der Kirschbäume, Maße wie Material des Altars, natürlich auch der Stern im Boden um das Kreuz, der an den Stern der Heiligen Drei Könige erinnert und so den Anfang mit dem Ende des Erdenlebens Christi verknüpft. 1,2 Millionen Pilger, laut Polizei, haben damals hier, im weiten Radius um den Altar, die Nacht verbracht. Die 188 Namen in der stählernen Kontur des Sterns nennen die Teilnehmerländer des Weltjugendtags. Und da das Kreuz auf dem Hügel auch ein Gipfelkreuz ist, haben Vorübergehende damit begonnen, an seinem Fuß, in seiner Eisenhalterung, ein Steinmännchen zu errichten.

Marien- Vorüber an der kleinen **Marienkapelle** mit der Schwarzen Muttergot-
kapelle tes, wandern wir auf dem „Dreikönigsweg" zurück, hinunter auf das flache Land und bis an die Kreuzung, wie wir gekommen sind. Hier beginnt, zur Linken nun, der junge Auwald um den See. Wir gehen auf

Tour 19: *Über das Marienfeld bei Kerpen*

dem Dammweg links, vorüber an Pappeln, an Weiden und Erlen und vorbei an einem Aussichtspunkt aus feinem Edelstahl. Zu sehen gibt es freilich wenig, dafür setzt uns die Natur wieder Kopfhörer auf. Nach 350 Metern kommt von rechts der Weg „K 10" zu uns herauf. Nach weiteren 400 Metern, wo nach links ein Feldweg abknickt, überqueren wir eine trockene Rinne, die das Erfthochwasser mit dem See verbindet.

Dann passieren wir ein schwarzes Kreuz bei einer Bank: „2. März 1945" steht darauf. Und: „Kriegsende Mödrath". Nichts von „Zusammenbruch" und ähnlichen versteckten Worten des Bedauerns. Nur Erleichterung. Doch Grund genug, ein Kreuz „Zur Ehre Gottes" aufzurichten. Was von Mödrath noch stand, war gerettet. Bis die Bagger kamen.

Wo der Weg zur Linken aus dem Auwald tritt und an die Felder grenzt, führt ein Pfad nach rechts hinab. Das wäre eine Möglichkeit, die Runde zu verkürzen. Wir bleiben aber weiter mit „K 10", vorbei an einem schnurgeraden Weg, der durch die Felder läuft. Dann erreichen wir noch vor der Stromleitung wieder eine Schutzhütte aus Gabionen, nicht weit dahinter sehen wir ein dreifaches Schütz des Erftverbands. Hier wenden wir uns scharf nach rechts, folgen anfangs einem kleinen Wassergraben und kommen so zuletzt zurück zur Aussichtsplattform aufs Marienfeld.

Schloss Paffendorf

Zwei Löwen zeigt der helle Wappenstein im Torhaus von Schloss Paffendorf: Der eine trägt ein Wappen, das den Träger selber zeigt, mit Krone und gedoppeltem Schweif, der andere das alte Sparrenwappen derer von dem Bongarts: Hinweis auf die Tradition des Hauses, denn die Familie gehörte seit dem 13. Jahrhundert zu den ältesten und angesehensten im Jülicher Land. Darunter, von den Löwen je mit einem Fuß wie beiläufig gehalten, der ideologische Zusatz aus dem 19. Jahrhundert: „Adel sei ohne Tadel". Denn 1865, als das große Schloss seine heutige neugotische Gestalt erhalten hatte, stand der Adel vielfach mit dem Rücken an der Wand. Das Industriezeitalter krempelte zusammen mit der Wirtschaft die Gesellschaft um. Der „Schlotbaron" entstand als neuer Typus: besitzend, wenn auch mit dem Beigeschmack des Aufsteigers. Oder umgekehrt: Parvenüs, aber gut bei Kasse. Der Adel passte sich an: „Für Industrielle hab' ich von Jugend an eine Passion gehabt", schwärmt bei Fontane ausgerechnet die Adlige Käthe von Rienäcker: Denn erstens hätten sie Tunnel gebohrt, Seekabel verlegt und anderes erfunden, und zweitens seien sie reich.

Tadelloser Adelsbau

Dem Adel blieb die Landwirtschaft, wie den von dem Bongarts rings um Paffendorf, die besten Äcker und die besten Weideflächen für die Pferdezucht, und die Tradition: 1331 hatte Gerart von dem Bongart den Titel des Erbkämmerers der jülischen Herzöge erworben, 1629 wurden sie in den erblichen Reichsfreiherrenstand erhoben. 1531 schon ging Wilhelm von dem Bongart, Ritter des Heiligen Grabes, daran, auf den Trümmern einer Burg im Sumpf der Erft ein Renaissanceschlösschen zu bauen. Ludwig von dem Bongart bot 1861 dann den bürgerlichen Architekten August Lange auf, um das Schloss mit neuen Türmchen, Erkern, Giebeln, Balustraden aufzumöbeln wie ein rheinisches Neuschwanstein aus erdenschwerem Backstein.

Dann kam „Fortuna", ausgerechnet eine Kohlegrube mit einem Namen, der nicht nur „Glück", sondern auch „Schicksal" bedeutete, und baggerte den von dem Bongarts die Äcker unter ihren Füßen weg. Nur das Schloss und den Park ließ man stehen. Und beides verkaufte 1958 Marietta Freifrau von dem Bongart an die Nachfahren der Schlotbarone, die Rheinische Braunkohlewerke AG.

1967 eröffnete die Rheinbraun hier ein Informationszentrum über die Gewinnung und Nutzung der rheinischen Braunkohle, die seit 1902 der nämlichen Maxime folgt: Strom für jeden und zu jeder Zeit. So viel, wie jeder nutzen will. Es gibt ein Bistro dazu, im Sommer einen Biergarten, und sonntags vierzehntägig Frühschoppen und Platzkonzerte. Bezahlen muss man nur im Bistro.

Der alte Schlosspark, 7,5 Hektar, lädt zum Verweilen. Nur um die Bagger in Aktion zu sehen, muss man heute einen Bus besteigen. Die Zeiten, da die Grube bis an das Besucherzentrum reichte, sind vorbei. Dafür gibt es mittlerweile die „Straße der Energie" als Rundfahrt oder Abstecher, gleich, ob mit dem Fahrrad oder dem eigenen Wagen, zu Stätten der Braunkohlegewinnung und Renaturierung – oder nach Hambach ans Loch.

Öffnungszeiten
Die Ausstellungen sind samstags, sonntags und feiertags von 10 bis 17 Uhr geöffnet, der Schlosspark kann täglich von 10 bis 17 Uhr, von April bis September bis 19 Uhr besucht werden.

Tour 20

Der Tod des Werwolfs
Von Kaster auf die neue Höhe

Wir schreiben das Jahr 1956 nach Christus. Das ganze Land von Köln bis Jülich an der Erft ist von „Rheinbraun" besetzt und im Begriff, zum Tagebau zu werden ... Das ganze Erftland? Nein! Ein von unbeugsamen Bürgern bevölkertes Kastell, das seit den Römerzeiten Castrum und auf gut Deutsch Kaster hieß, hört nicht auf, den Baggern von „Rheinbraun" energisch Widerstand zu leisten. Und während Darshoven und Geddenberg, Omagen, Epprath, Morken-Harff, Tollhaus, Oberschlag und Königshoven allesamt zum letzten Mal Beerdigung, Fronleichnam oder Weihnachten begehen, bietet Kaster den Baggern die Stirn. Die einen sagen: Das kleine Städtchen an der Erft, von Reisenden gehätschelt als ein zweites Rothenburg mit damals 731 Einwohnern, habe sich gegen den bedingungslosen Fortschritt durchgesetzt. Die

Kurzbeschreibung

Anfahrt	A 61 bis AS Bedburg, von dort in Richtung Grevenbroich, dann Kaster bis Parkplatz vor Alt-Kaster. Navigation-Eingabe: 50181 Bedburg Kaster, Albert-Schweitzer-Straße 4
	DB oder S 12 bis Horrem, Bus 975 bis Friedrich-Ebert-Straße oder Rathaus Kaster und zu Fuß nach Alt-Kaster
Dauer	2,5 Stunden
Länge	7 km
Wanderkarte	Landesvermessungsamt Nordrhein-Westfalen (Hg.): Bedburg und Bergheim im Naturpark Kottenforst-Ville. Wanderkarte 1 : 25.000
Gasthäuser	Landhaus Danielshof, Hauptstraße 3, 50181 Bedburg-Kaster, Tel. 02272/980-0, **www.danielshof.de**
	Pfannkuchenhaus „Zum Alten Rathaus", Hauptstraße 46, 50181 Bedburg-Kaster, Tel. 02272/90 28 90, **www.pfanntastisch.de**
Auskunft	Stadt Bedburg, Tel. 02272/402-0
www.	**www.bedburg.de**
	www.bedburg.active-city.net
	www.alt-kaster.de
	www.geschichtsverein-bedburg.de
	www.suite101.de/content/der-werwolf-von-bedburg-a69164
	www.elmar-lorey.de/werwolf/Stump.htm

Tour 20: *Von Kaster auf die neue Höhe*

Kaster, Tor der Vorburg

anderen: Die Kohle unter Kaster sei nicht dick genug gewesen. Auf jeden Fall blieb Kaster, was die Zeitung 1950 schon geschrieben hatte: eine „Insel in der Brandung uns'rer Zeit".

Deshalb geht es von der Brandung über die Brücke in die wehrhaft umgürtete Stadt, von Westen her durch das zweigeschossige **Agathator** des 14. Jahrhunderts, und mit der „Hauptstraße" durch ein Idyll aus Backstein, Blumenschmuck und Bänken, dem nur die Butzenscheiben fehlen. Kaum Autos gibt es hier – und keine Schaufenster! So überraschend mittelalterlich das Örtchen wohl auch wirkt, so repräsentiert es doch den Zustand nach dem großen Feuer von 1624. Der „Werwolf" Peter Stubbe aus dem damals nahen Epprath (s. S. 154), dem die Stadt Bedburg einen Rundweg eingerichtet hat, hat Kaster noch anders gesehen.

Agathator

Und ein weiteres Mal hat Kaster sein altes Gesicht hergeben müssen, um „Jerichow" ins Bild zu setzen, das Dorf aus Uwe Johnsons „Jahrestagen", bei der Verfilmung 1999/2000. Zwar sieht kein Dorf im ganzen Mecklenburg so aus wie dieses halb schon holländische Backstein-Kleinod, aber da die Filmförderung NRW ihr Scherflein beigesteuert hatte, musste auch in NRW gedreht werden. Und so stand mitten in der Stadt eine Denkmal-Kulisse für die Gefallenen der Roten Armee und den beklagten Sohn des seither reichlich wodkafesten Major Pontij.

Agathator

Kaum ist man mittendrin im Ort, geht es auch schon hinaus. An der Kreuzung mit der „Kirch-" und „Vikariestraße" entdecken wir das Zeichen des „A 2". So geht es weiter geradeaus und durch das wuchtige Erfttor hinaus, über das Wasser hinweg. Dahinter folgen wir dem Weg „A 2" nach rechts, zwischen Auwald und Kasterer Mühlenerft weiter. Nach knapp 300 Metern erreichen wir bei einer rot-weißen Eisenschranke ein Wegedreieck und wandern mit dem „A 2" nun nach links, im sachten Schwung zurück und weiter durch den dichten Auwald. Zur Rechten ahnen wir den nahen Waldrand und die freie Flur, der man seit der Auskohlung ein Gewerbegebiet spendiert hat.

Bald ahnen wir zur Linken auch das Wasser des Kasterer Sees. Nach einem guten halben Kilometer stößt bei einer Bank von rechts ein buchstäblich schnurgerader Weg zu uns: Der ist auch mit der Schnur gezogen worden, denn rechts wie vor uns ist alles hier rekultiviert. Dort lagen Tollhaus, Oberschlag und Geddenberg; darüber ist inzwischen Gras gewachsen, dazu der „Industriepark Mühlenerft" mit chinesischen Investoren. Wir sehen nichts von alledem und wandern weiter durch das dichte Biotop, bis wir nach 400 Metern bei einer Bank und einem breiten Wegedreieck wieder den Himmel über uns entdecken, nicht nur Zweige.

Hier verlassen wir den Weg „A 2" und gehen links, hinweg über das Ablaufwehr des **Kasterer Sees**, und dann gleich wieder links, am See entlang auf einem unmarkierten Weg. Nun sehen wir den See immer wieder mal, und von einzelnen Bänken aus lässt sich das Treiben der Wasservögel studieren. Nach ungefähr 400 Metern, wo erstmals zwei Bänke nebeneinander stehen und das Seeufer zur Linken zwischen Heckenrosen völlig frei liegt, folgen wir im Knick nach rechts dem anfangs schmalen Pfad, der wie eine flache Wasserrinne auf den See zuläuft. Es geht mit sachtem Anstieg weg vom See, dann verbreitert sich der Weg und bringt uns nach 200 Metern zwischen zwei großen Steinen an einen Querweg längs der Mühlenerft.

Kasterer See

Auf der Brücke überqueren wir das Wasser, auch den breiten Kiesweg, der sich anschließt, und auf einer Betonplatte zuletzt den kleinen Graben, um nun den Holzschildern halbrechts den Hang hinauf mit „Wolfgangstieg" und „Wolfsgasse mit Seeblick" zu folgen. Und eine Tafel

Tour 20: *Von Kaster auf die neue Höhe*

schildert hier, in alter Schrift, doch neuer Rechtschreibung, „die dämonischen Gräueltaten des Werwolfs". Mit diesen Wegen allerdings hat Peter Stubbe nichts zu schaffen, denn weder gab es damals diese Höhe, der wir uns nun nähern, noch diesen Steig. Nach knapp 200 Metern stoßen wir im Linksschwenk halbhoch in der Böschung der rekultivierten Höhe auf einen Weg, der waagerecht verläuft. Hier steigen wir auf Eisenbahnschwellen geradewegs hinauf bis zu einer Bank an einem Holztisch. Der „Seeblick" ist zugewachsen, aber in die Ferne können wir weit schauen. An einer Wildkirsche entdecken wir das Zeichen des „A 1", dem wir nun lange folgen (der Weg ist allerdings in der Gegenrichtung markiert).

Auf dem Kiesweg vor der freien Feldflur schauen wir uns um. Wir sehen Windkrafträder rechts wie links und die künstlichen Wolken der Kraftwerke. Wir gehen rechts, dem Kraftwerk Frimmersdorf entgegen. Nach 150 Metern, wo ein Weg nach unten führt, steht ein Gedenkstein für den **Weiler Darshoven**, 1967 umgesiedelt. Den nächsten Querweg lassen wir links liegen. Erst bei der Wegekreuzung 300 Meter weiter, wo es rechts erneut hinabgeht, halten wir uns links. Den Hinweis, dass hier Epprath lag, das Heimatdorf von Peter Stubbe, ignorieren wir, denn Epprath folgt „in Wirklichkeit" ein wenig später.

Weiler Darshoven

Wir gehen links, quer hinweg über die Kasterer Höhe auf ein fernes Waldstück und eine eingezäunte Hütte zu. Nach einem halben Kilome-

Stieg des Wilden Kaisers

151

Kraftwerkwolke

ter sind wir da: Die Hütte ist das Vereinsheim des „Flugmodellsportclubs Königshoven 1975 e.V.", die Landebahn ist das Rasenstück dahinter, 100 mal 80 Meter groß, und die Drähte auf dem Zaun dienen dem Schutz der Betrachter. Gleich neben der Anlage steht wieder ein Stein: Hier befand sich früher Epprath, im 19. Jahrhundert nicht mehr als 20 Häuser, und alle nur auf der westlichen Seite der Straße, weshalb die Nachbarn witzelten, in Epprath würden Kuchen nur von links gebacken. 449 Menschen waren es zuletzt, die den Baggern weichen mussten.

Unser Weg ist nun asphaltiert. Nach gut 100 Metern schwenkt der Fahrweg sacht nach links und wird rechts von einem Streifen Gehölz begleitet. Fern in Südwesten die Sophienhöhe, in Gegenrichtung Kraftwerke: Frimmersdorf, Neurath, Niederaußem, vor uns die Absetzer von Garzweiler. Wo der Streifen Wald zur Rechten endet, steht bei einer Kreuzung linker Hand ein **Kruzifix aus Stein** mit einer Sitzgruppe. Tief unter uns floss einst die Mühlenerft, auch sie wurde für die Bagger verlegt.

Kruzifix aus Stein

Wir wandern weiter mit „A 1", vorüber am rot-weißen Vermessungssignal, das hier oben wie vergessen steht, seitdem die Kultivierung abgeschlossen ist. 400 Meter später zweigt nach links ein Querweg ab. Wir bleiben weiter geradeaus und mit „A 1" und gehen erst mit dem nächsten Weg nach links: Hier folgen gleich zwei Wegekreuze aufeinander. Und hier verlassen wir auf jeden Fall den Rundweg „A 1", der weiter geradeaus verläuft. Bei schlechtem Wetter sollte man dem zweiten Querweg folgen, der sacht hinabsteigt. Wir nehmen dieses

Tour 20: *Von Kaster auf die neue Höhe*

Mal den ersten, bleiben anfangs auf der Höhe, während rechts nun das Gelände merklich abfällt, bis wir nach 700 Metern, wo schon die Biegung abzusehen ist, hinter einer Bank den schmalen Pfad verfolgen, der in der Böschung von der Höhe recht entschlossen absteigt. Unten lesen wir: Das ist der **„Wilder Kaiser Stieg"**. Hier lag früher Omagen. — **Wilder Kaiser Stieg**

Unten bleiben wir nicht auf dem ersten Weg nach links, der dem Verlauf des Böschungssockels folgt, sondern gehen ein paar Meter weiter auf dem schnurgeraden Wander- und Radweg nach links. Nach knapp 250 Metern kreuzen wir erneut den Wanderweg „A 1", gehen weiter geradeaus, wo wir an den Sportplatz stoßen. Hier wandern wir mit dem Querweg (mit dem blauen Zeichen der Wasserburgen-Route) links, nehmen schon die erste Möglichkeit nach rechts und wieder links, entlang am Spielplatz (und der Kläranlage links), bis wir an das Zinkgeländer der Mühlenerft stoßen. Vor uns nun die Stadtmauer von Kaster: Rechts geht es zum Agathator zurück. Wir gehen links, dicht an der Stadtmauer entlang, bis an den Bereich der Burgruine, das Schloss der Grafen von Jülich. Nun halten wir uns rechts, vorüber an der alten Kellnerei und kommen durch das dritte Tor aufs Neue in die kleine Stadt und durch die „Kirchstraße" und „Hauptstraße" nach rechts zurück.

Der Werwolf Peter Stubbe

Zwar weiß man nicht mit Sicherheit, ob Peter Stubbe nicht doch Stübbe oder Stump geheißen hat. Doch dafür wusste man schon 1590 selbst in England, was es mit dem Stubbe Peeter auf sich hatte: Er war ein niederträchtiger Hexer, der als Wolf viele Morde beging und 25 Jahre lang jeden verschlang: Männer, Frauen, Kinder! Alles Nähere wie Unzucht, Blutschande und Vergewaltigung auf einem Flugblatt aus der Fleet Street!

Peter Stubbe, bleiben wir bei diesem Namen, war ein Werwolf, nach der Publizität des Falles der berühmteste von allen. Für seine Zeitgenossen war er eine Art Batman für Böse mit Gürtel. Auch der Kölner Ratsherr Weinsberg kannte die Exzesse („er hette 25 jar mit einer duvelinnen gebolet") und wusste von dem Gürtel; so etwas sprach sich herum. Daneben fanden sie in Stubbes Haus ein großes Wolfsfell. Wölfe kamen damals vor im Erftkreis. Und auf Indizien alleine hätte man sich auch nicht stützen mögen. Zu jedem ehrlichen Prozess gehörte ein Geständnis. Das legte Stubbe in der Folterkammer von Schloss Bedburg ab. Am 31. Oktober 1589 flocht man ihn vor 4.000 Menschen aufs Rad, riss ihm mit glühenden Zangen Fleisch aus dem Leib, brach ihm mit Aufwand die Knochen, hieb ihm den Kopf ab und verbrannte den Rest, auf dass er wirklich tot war. Seine Tochter wie seine Lebensgefährtin hatte man zuvor verbrannt. Stubbes Kopf blieb auf dem Rad als Lehre für die Untertanen: Damals wusste man noch nicht, dass heute an der Richtstätte das Silverberg-Gymnasium steht.

Von Stubbe überlebten nur noch Flugblätter und Bänkellieder, in denen er zu seinen Taten vorgeblich selber sprach. Nach Lage der Dinge war das die Sicht der Überlebenden, wenn man nicht sagen will: der Sieger. Nimmt man aber den Umstand, dass hohe Adlige, ausländische Gäste und offensichtlich auch der Kurfürst höchstpersönlich, nach Bedburg zur Hinrichtung gekommen waren, und trennt man die Gemengelage der Vorwürfe in rundweg vorstellbare (13 Mordtaten in 25 Jahren) und solche, die man tatsächlich nur glauben konnte, so lässt sich auch vorstellen, dass Stubbe damals nur ein prominentes Bauernopfer war. Als reicher Landwirt, so viel ist bekannt, hatte er naturgemäß Neider. Wenn so jemand, sagen wir: nach einem Jahr der Missernten ringsum nicht Not litt, sollte man das wirklich seinem Wirtschaften zugutehalten, oder sollte man nicht eher glauben, dass er mit dem Teufel angebandelt hatte?

Die Jahre, die im Blick zurück als Zeiten seines bösen Treibens angesehen werden, waren im Bedburger Land geprägt durch die militanten Fehden um den Versuch einer Gegenreformation in Köln. Mit Söldnertruppen versuchten adlige Anführer wie der Kölner Erzbischof (!) Gebhard I. von Waldburg Gesellschaft und Glauben zu ändern oder wiederherzustellen. Belegt

Handwerker, keine Henker!

sind zahlreiche Verwüstungen und Mordbrennereien, gerade in den 80er Jahren, zumal auch Söldner, wenn man sie erst einmal nicht bezahlt, von Räubern kaum zu unterscheiden sind. Daneben scheint gesichert zu sein, dass die Großbauern der Lehre Luthers eher zuzuneigen schienen als die kleinen Untertanen. Und Verletzungen und Bisse, die auf Wölfe schließen lassen, konnten herkömmlich Erschlagene in ländlichen Bezirken auch nach dem Tod erhalten haben.

So hätte sich dem neuen Kölner Erzbischof, dem Wittelsbacher Herzog Ernst von Bayern, Fürstbischof von Freising, Hildesheim, Lüttich und Münster, der nach Neigung wie Vermögen ohnehin einen Ruf in der Hexenverfolgung besaß, die Gelegenheit geboten, mit einem Streich, geführt an einem Täter, die Morde der Vergangenheit zu klären und zu sühnen und für die Gegenwart wie für die nahe Zukunft ein politisch korrektes Exempel zu statuieren.

Und sollte der als eigenbrötlerisch beschriebene Stubbe nach 1580 als Witwer tatsächlich Unzucht, womöglich auch Inzest begangen haben, ja, sollte er, in welchem Zustand und aus welchem Grund auch immer, sich zu seinem wölfischen „Wesen" tatsächlich bekannt haben, so erklärt das womöglich auch nur, warum tatsächlich er, und nicht ein anderer, sich als ein solches Bauernopfer buchstäblich angeboten hat. Danach war jedenfalls Ruhe: Herzog Ernst blieb Erzbischof bis an sein seliges Ende, 1612, und war es insgesamt so nachhaltig, dass etliche seiner Nachfolger aus Bayern kamen.

Tour 21

Zilpzalp, Zaunkönig und Grasmücke
In die Gillbach

Es war einmal ein Flüsschen, das hieß Gillbach. Es kam als kleiner Bach geflossen aus dem Bethlehemer Wald und plätscherte dann 28 Kilometer weit bis in die Erft, die ganze Zeit durch besten Ackerboden, sodass sein Land am Ende selber „Gillbach" hieß: „die Gillbach" oder „Auf der Gillbach". Der Landstrich zählte 1950 noch zu den „fruchtbarsten und gesegnetsten im Erftgebiet". Ackerbau und Pferdezucht vor allem standen hier in Blüte. Dann wurde dem Gillbach die Quelle vom Tagebau Fortuna abgebaggert, und nur gebrauchtes Wasser kam noch in den Bach: Kühlwasser von Niederaußem, Abwässer von Oberaußem, Regenwasser von den Feldern. Kühlwasser aber heißt nur

Kurzbeschreibung

Anfahrt	B 59 und B 477 über Rommerskirchen nach Anstel, Parken straßenseits. Start an der Abzweigung der „Wasserburgstraße" von der B 477. Navigation-Eingabe: 41569 Rommerskirchen, Wasserburgstraße 1 S 11 nach Dormagen, Bus 871 von Dormagen in Richtung Grevenbroich nach Anstel, Bundesstraße
Dauer	2 Stunden
Länge	6,5 km
Wanderkarte	Landesvermessungsamt Nordrhein-Westfalen (Hg.): Bedburg und Bergheim im Naturpark Kottenforst-Ville. Wanderkarte NRW Nr. 45 1:25.000
Gasthäuser	Ansteler Kaffeehaus, Frixheimer Straße 88, 41569 Rommerskirchen-Anstel, Tel. 02183/80 64 22 Gasthaus „Im kühlen Grunde", Wasserburgstraße 47, 41569 Rommerskirchen-Anstel, Tel. 02183/95 35
Hinweise	Nur Außenbesichtigung der Burg
Auskunft	Stadt Rommerskirchen, Tel. 02183/800-0
www.	www.rommerskirchen.de www.wasserburg-anstel.de www.biostation-neuss.de/hohlwege.html

Tour 21: *In die Gillbach*

„kühl". Tatsächlich wurden die Forellen fast von selber blau und machten sich davon. Statt ihrer fühlen sich im Gillbach nur noch Guppys wohl und heimisch, sodass der Gillbach heute eigentlich „das" Gillbach heißen sollte.

Doch erstens wird der Gillbach, wie man hört, renaturiert, und zweitens hat „die Gillbach" ihre alten Schätze noch bewahrt. Und neue obendrein dazu. Man muss nur nah genug heran und darf nicht auf der tiefer gelegten B 59 daran vorüberrasen. Vom Gillbach eben mal 400 Meter weit entfernt, stehen wir zehn Meter höher am großen weißen **Kruzifix von Anstel** und schauen auf das weite, flache Land ringsum. Wir sehen ein paar Kilometer weit entfernt bei Neurath die Kraftwerkstürme weiße Wolken in den Himmel paffen, daneben die Vollrather Höhe und überall die Starkstromleitungen, die Grevenbroich zur selbst ernannten Bundeshauptstadt der Energie verklären.

Hier überqueren wir die Straße und folgen dann der „Wasserburgstraße" hinab ins Tal des Gillbachs. Gleich darauf schon, bei Haus Nr. 17 von 1860, nehmen wir vor dem Gefallenendenkmal links die „Lindenstraße", gehen von der riesenhaften Linde rechts vorüber an der Schützenhalle, die Stufen hinab und auf der „Pappelstraße" weiter, links. Schon vor dem karminroten Wohnhaus wandern wir dann mit der „Burgstraße" rechts und stoßen am Gillbach auf die alte Wasserburg von Anstel. Das Gasthaus nebenan, „Im kühlen Grunde", meint den

In Anstel

Kruzifix von Anstel

aufgewärmten Bach mit dem Zitat von Eichendorff und Todeswunsch und klingt zugleich auch ungewollt ironisch.

Die Burg, die so barock daherkommt, ist in Wirklichkeit das älteste weltliche Baudenkmal der Umgebung. Die ersten Eigner waren Ritter, 1155 wird ein „Sigefridus de Anstele" urkundlich erwähnt, die gegenwärtigen Besitzer sind Reiter. Ihr barockes Haus von 1722 birgt im Innern noch den alten Wohnturm, acht Meter im Quadrat, mit Mauern von 2,40 Metern. Ein paar Meter weiter über den Bachlauf hinweg, finden wir in einem schönen Backsteinhaus an der Ecke der „Frixheimer Straße" das „Ansteler Kaffeehaus", eine Empfehlung nicht nur zum Kaffee.

Dann gehen wir zurück, vorüber an der Burg, die „Burgstraße" hinauf, und folgen nun der „Pappelstraße" rechts, an einem zweiten, ähnlich schönen Herrenhaus vorüber und zum Ort hinaus. An der Kindertagesstätte wandern wir vorbei und geradeaus auf einem unbefestigten Weg, der im **Weiler Frixheim** zur „Bergstraße" wird. An ihrem Ende folgen wir der „Dorfstraße" nach links, hinauf, bis an die „Lindenstraße", die wir schon von Anstel kennen. Hier gehen wir nun rechts mit dem Sträßchen „An der Nachtigall" in Richtung „Schützenhaus" bis an die Gabelung der Wege vor dem großen dunklen Kreuz von 1793. Rechts führt der alte „Kirchweg" gleich am Hühnerhof vorüber. Wir folgen weiter links der Nachtigall, kreuzen abermals die Bundesstraße, wandern weiter geradeaus und in die freie Flur.

Nach 200 Metern stoßen wir auf einen Querweg und folgen ihm nach rechts. Bei einer großen, flachen Lagerhalle geht es über einen asphal-

Burg Anstel

Tour 21: *In die Gillbach*

tierten Weg hinweg, dann einen halben Kilometer sacht hinab und wiederum hinauf bis an den Rand von Butzheim, 962 schon als „Budichim" erwähnt. Wo dann rechts die Straße „Zum Eichelsberg" verläuft, wenden wir uns links, passieren den Gartenbaubetrieb „Heyder" und erreichen bei zwei rot-weißen Absperrpfosten den **alten Hohlweg** der „Buxheimer Bruchstraße" durch die Lößerhöhung zwischen Gillbach und Stommeler Bach. 1,7 Kilometer geht es fast ohne Fernblick geradeaus, bis zu acht Meter tief hat der Verkehr hier seit dem frühen Mittelalter den Ackerboden eingekerbt, in den Böschungen auf beiden Seiten haben Fuchs und Dachs sich, Käfer wie Kaninchen eingerichtet, der trockene Holunder ist umschlungen von Clematis – vereinzelt reichen sich die Bäume über uns die Zweige.

„Schlechte Wegstrecke"

alter Hohlweg

Auf der Höhe der Erhebung, 60 Meter hoch, tritt der Weg ins Freie, dann buddelt er sich wieder ein, nun unbefestigt, sehens-, hörens-, staunenswert. Hier singen Zilpzalp, Zaunkönig und Mönchsgrasmücke, Goldammer und Gelbspötter; im Sommer tanzen rare Schmetterlinge – und was zur Nachtzeit los ist, das verraten uns im Sand die Wildwechsel!

Am Ende stehen wir auf einem Wegekreuz und sehen, dass ein Schild Entgegenkommende vor diesem Hohlweg warnt: „Schlechte Wegstrecke". Hier halten wir uns links und wandern nun für lange Zeit am Fuß der buschig bewachsenen Höhe entlang, vorüber am Fixheimer Bruch

Bauer in der Gillbach

rechter Hand. Dort wurde früher Torf gestochen. Die Karten des französischen Colonel Tranchot, der für Napoleon die Rheinlande als Schauplatz etwaig kommender Kriege vermessen sollte, zeigen überall „Tourbières". 200 Meter, nachdem das Bruchgebiet rechts endet, 1.200 Meter seit dem Hohlweg, folgen wir dem asphaltierten Weg nach links und auf die Höhe zu.

Nach knapp 600 Metern schwenkt unser Weg bei einem undeutlichen Querweg sacht nach rechts, passiert die Leitungen der nahen Umspannwerke und bringt uns an das weiße Kruzifix vor Anstel und die höchste Stelle der gesamten Tour: 73,80 schwindelfreie Meter hoch.

Tour 22

Die Basilika am Ufer
Rund um Knechtsteden

Die Stätte ist bekannt und gut besucht an jedem Sonnentag. Fahrräder und Pferde finden ganz allein nach Knechtsteden, so sieht es aus. Da ist die Anreise schon Grund genug zur Einkehr in den „Klosterhof". Wer mit dem Auto kommt, muss sich die Pause erst verdienen. Das ging, als wir noch Kinder waren, am besten im „Missionsmuseum": Da gab es diverses aus der Lebenswelt der schwarzen Heiden in Nigeria, vom ausgestopften Krokodil bis zum afrikanischen Fruchtbarkeitsfetisch, vom Ameisenbär bis zum hyänischen Steifftier, und alles führte nebenbei die Überlegenheit der weißen Rasse vor, besonders die ihres christlichen Teils mit Holzspänen vom Ölbaum in Gethsemane und Blüten aus Jerusalem. Mochte das Gorillababy mit der Schale für Visitenkarten auch noch irgendwie possierlich sein: Der Schrumpfkopf mit dem eingenähten Grinsen war es nicht. Schließlich war auch das mal irgendwann ein Mensch gewesen! Und an Altersschwäche war der nicht gestorben! Heute käme sowieso kein Spiritaner mit der aus-

Kurzbeschreibung

Anfahrt	A 57 bis AS Dormagen, L 280 in Richtung Rommerskirchen, hinter Delhoven rechts abbiegen nach Knechtsteden. Navigation-Eingabe: 41540 Knechtsteden, Winand-Kayser-Straße S 11 nach Dormagen, Bus 883 bis Knechtsteden
Dauer	2 Stunden
Länge	5 km
Wanderkarte	Landesvermessungsamt Nordrhein-Westfalen (Hg.): Stommeln im nördlichen Erftkreis. Wanderkarte 1 : 25.000
Gasthäuser	Klosterhof Knechtsteden, Winand-Kayser-Straße, 41540 Dormagen-Knechtsteden, Tel. 02133/807 45, Januar bis März Mo/Di Ruhetage
Hinweise	Die Basilika ist täglich von 8–18 Uhr geöffnet.
Auskunft	Missionshaus Knechtsteden, Tel. 02133/869-0
www.	www.spiritaner.de www.klosterhof-knechtsteden.de www.stadtbus-dormagen.de

Im Knecht-
stedener Wald gestopften Brillenschlange in der Kutte mehr am Zoll vorbei. Und so sind nicht nur die alten Exponate verschwunden, sondern gleich auch das ganze Museum.

Dafür hat das Kloster heute einen Kräutergarten und vieles mehr – und dann zuletzt die wuchtige Basilika, die wir als Höhepunkt der Runde auserkoren haben. Wir drehen also auf dem Parkplatz erst einmal dem gut besuchten „Klosterhof" den Rücken und wandern längs der Streuobstwiesen auf dem Grund von Kloster Knechtsteden nach Norden. Die Vertreter des Rauwolligen Pommerschen Landschafs, die unter den Bäumen wiederkäuen, sind so von der Bedeutung ihrer Seltenheit erfüllt, dass sie uns keines Blickes würdigen.

Bald stoßen wir auf den gesperrten Fahrweg und gehen mit ihm links (Andreaskreuz „X" des Wegs 3), am Grund von Knechtsteden entlang. Nach 300 Metern treten wir in den Wald, kommen vorbei an einem Einlass in die Klosteranlage und erreichen 200 Meter darauf ein weites Wegedreieck mit einem großen **grauen Steinkreuz**. Die Sockelinschrift verrät, dass F. L. Jansen das Kreuz hat aufrichten lassen, und da ein Leonhard Jansen der 47. Abt von Knechtsteden war, nämlich von 1728 bis 1754, ahnen wir, wann Bruder (Frater!) Jansen das Kreuz gestiftet hat.

**graues
Steinkreuz**

Hier gehen wir nun rechts auf dem breiten kiesigen Weg, auf dem wir die Scharen der Radfahrer gut hören. In einer sachten Linkswindung

Tour 22: *Rund um Knechtsteden*

des Wegs, nach weiteren 200 Metern, biegen wir dann unter hohen Buchen halbrechts ab, verlassen den Weg „X" und folgen nun dem Weg, der hier, dann aber spärlich nur, als Rundweg „A 7" markiert ist. Es geht durch Buchenwald und Eichen, immer geradeaus. Nach 800 Metern stößt bei einer Bank ohne Rückenlehne von links ein zweiter, schnurgerader Weg hinzu. Wir schneiden ihn nur, gehen bei der Gabelung halblinks und auf dem Querweg gleich darauf im rechten Winkel wieder links. Auf diesem unmarkierten Wegstück geht es weiter durch den Wald, auf allerfeinstem Rheinsand hier, wo einst der Strom geflossen ist.

Auf diesem Rheinarm, ehe er völlig versandet war, hatten die Erbauer des Stifts im 12. Jahrhundert die Steine an die Baustelle gebracht, Vulkangestein aus der Eifel wie aus dem Siebengebirge, um neben dem Fronhof, der „Knecht-Stätte", den man den Prämonstratensern des heiligen Norbert von Xanten gestiftet hatte, eine Kirche erreichten zu können.

Entsprechend stoßen wir nur 100 Meter weiter auf den alten „Sandweg", der nicht im Sand verläuft, sondern von alters her noch asphaltiert ist. Rechts sehen wir die Klinkerfassaden von **Straberg**. Wir gehen aber mit dem alten unmarkierten Fahrweg links, einmal vorbei an einer großen Kreuzung mit einer asphaltierten Abzweigung nach rechts, insgesamt einen Dreiviertelkilometer, bis wir ins Freie kommen und an das Betonbrückchen über den trockengefallenen Knechtsteder Graben. Hier nehmen wir wieder den Wanderweg 3 mit Andreaskreuz („X") nach links, der anfangs dem Reitweg folgt, dann neben ihm, erhöht im Wald verläuft.

Straberg

Jansens Kreuz

Nach wenig mehr als einem halben Kilometer kommen wir auf einen schräg verlaufenden kiesigen Dammweg und gehen mit ihm und den deutlichen Zeichen nach rechts, vorüber an der Abzweigung, die wir vorhin genommen haben, vorbei an Bruder Jansens Kreuz und wieder links, wie wir gekommen sind.

Klosterkirche
Knechtsteden

Jetzt aber nehmen wir den Zugang rechts, an der rot-weißen Schranke vorüber, werfen einen Blick in den schönen „Kulturhof" mit dem Kräutergarten. Es gibt ein „Heuhotel" und einen Trödelmarkt im Kloster. Im „Klosterladen" lassen wir uns bestätigen, dass im Gebäude einst das „Missionsmuseum" war. Jetzt sitzt hier statt der Brillenschlangen der Zentralverband der Augenoptiker und bildet in dem prachtvollen Gemäuer seine Meister aus.

Dann natürlich, und vor allem, die Basilika. Die romanische Architektur hatte sich weitgehend über die Jahrhunderte erhalten, bis ein Großbrand 1869 den Kirchenbau zerstörte. Nach der Wiederherstellung, die in manchem ein Neubau war, mag die Kirche äußerlich ein wenig glatt und seelenlos erscheinen: Im Innern zeigt sich vieles von der alten Pracht der Doppelchoranlage. Die Malerei des Westchors stammt noch aus der Mitte des 12. Jahrhunderts und zeigt Christus allmächtig als Herrscher. Von dem Reichtum des Barockzeitalters hat sich, für alle erkennbar, der Torturm erhalten.

Und von hier aus, „endlich", werden manche sagen, ist es nur ein kurzer Weg zum „Klosterhof".

Tour 23

Zollfestung mit Pfefferbüchsen
Von Zons den Rhein hinab

Vor dem Rheintor steht der Erzbischof mit Stab und Schlüsseln, überlebensgroß aus patinierter Bronze. Und wer genauer hinschaut, sieht, der Bischof „hätt jet an de Fööss": Zwei blanke Golddukaten liegen da wie Peanuts. Könnte Friedrich von Saarwerden reden, dann erzählte er vom Jahre 1372, als er die Zollrechte von Neuss rheinaufwärts holte, weil sich der Rhein von Neuss entfernt hatte; auch von den wütenden Protesten derer von Neuss, und wie er das uralte Dörfchen Zuonizo, Zuntz, Zons, befestigte und ihm im Jahr darauf die Stadtrechte verlieh. Da war er gerade 25 Jahre alt. Das neue Denkmal des

Kurzbeschreibung

Anfahrt	A 57 bis AS Dormagen und der Beschilderung folgen. Navigation-Eingabe: 41541 Dormagen-Zons, Herrenweg S 11 bis Dormagen, Bus 875 oder 886 nach Zons
Dauer	3 Stunden
Länge	9 km
Wanderkarte	Landesvermessungsamt Nordrhein-Westfalen (Hg.): Solingen zwischen Rhein und Wupper. Wanderkarte 1 : 25.000
Gasthäuser	Restaurant „Volksgarten" im Hotel Schloss Friedestrom, Parkstraße 2, 41541 Dormagen-Zons, Tel. 02133/50 30, **www.friedestrom.de** Torschenke, Rheinstraße 3, 41541 Dormagen-Zons, Tel. 02133/25 99 55, **www.torschenke.de** Zur Rheinfähre, Herrenweg 39, 41541 Dormagen-Zons, Tel. 02133/423 49 Fährhaus Pitt Jupp, Grind 6, 41541 Dormagen, Tel. 02133/22 01 22, **www.fährhaus-pitt-jupp.de**
Auskunft	Stadt Dormagen, Tel. 02133/276 28 15
www.	www.dormagen.de www.zons-geschichte.de www.khf-zons.de www.faehre-zons.de www.stadtbus-dormagen.de

Im Grind Düsseldorfer Bildhauers Bert Gerresheim, 300 Kilo schwer, geweiht und eingeweiht vom Amtsnachfolger Kardinal Meisner im Frühjahr 2010, ist ein Dank der Zonser an den Gründer ihrer Stadt. Wie ein Wellenbrecher steht es da inmitten der Besucherströme und lenkt zumindest einige zur Hinweistafel gleich daneben, auf dass sie lesen, wo sie sind, und nicht die Feste Zons mit Rüdesheim und Rothenburg verwechseln.

Vom Parkplatz „Rheintor" wandern wir zurück, den Rhein hinauf, und auf der Feldseite der Stadtmauer rheinaufwärts. Hier thronen wuchtige Basaltsockel mit uraltem trockenen Backstein darüber. Dann kommen wir durch den Durchlass in die Stadt, in den Bereich des alten

Schloss **Schlosses Friedestrom**, das Friedrich gebaut und gleich nach sich be-
Friedestrom nannt hat. Auch der runde „Juddeturm" mit der barocken Haube heißt nach seinem Erbauer, nicht allgemein nach rheinischen Juden oder „Jüdde". Die gab es auch in Zons, eine Familie hieß sogar Zuntz, wie ihre Stadt im Mittelalter, und eine Rachel „Zuntz sel. Witwe" gründete 1837 eine Kaffeerösterei, deren Firmenbild der „Dame mit dem Schutenhut" noch lange wohlbekannt war, auch wenn die Rösterei schon 1951 vom Konkurrenten Dallmayr übernommen worden war.

Wir gehen noch die „Schlossstraße" hinauf, hinab, vom „Schlossplatz" in die „Rheinstraße", entlang der Mauer mit den beiden „Pfefferbüch-

Tour 23: *Von Zons den Rhein hinab*

sen", vorbei an Häusern jeden Alters, doch heutzutage fast nur eines Zwecks, die alle das Geschick und die Geschichte ihrer Stadt im Namen tragen, am Ende durch das Zoll- und Rheintor, geradewegs zum Erzbischof, dem wir nicht nur die Gründung dieser Stadt, sondern auch die der Kölner Universität zu danken haben.

Dann machen wir uns auf den Weg. Vom Plätzchen „Vor dem Rheintor" mit einer Stele des Jakobspilgerwegs folgen wir dem „Herrenweg", einer **prachtvollen Lindenallee**, flussabwärts. Bald schwingt der „Herrenweg" sich hinauf auf die Höhe des Deichs, die Autozufahrt knickt nach links, und wir kommen sacht hinab, noch immer mit dem „Herrenweg". Rechts liegt die Zufahrt für die Fähre „Niederrhein" nach Urdenbach, zur Linken gleich die weiße „Gaststätte zur Rheinfähre" mit grünen Läden, nicht eben das, was man bei einem Wartesaal erwartet, sondern ein Treffpunkt der Engelsgeduld. Vor Zeiten war dies noch das Wohnhaus der Fährleute. Rechts an der Hauswand sind markante Hochwasserstände vermerkt, das „Jahrhunderthochwasser" von 1993 haben alle mit dem Finger angetippt, sodass man die Markierung bald nicht länger lesen kann. Unübertroffen an der Spitze bleibt das Hochwasser mit Eisgang von 1784, als Riehl und Niehl zu Inseln wurden und die Flut die Deutzer Synagoge demolierte. Weit unten ist auch 1838 vermerkt: Das war der Eisgang, der den Neubau dieses Hauses nötig machte.

Hier schwenkt der „Herrenweg" nach links. Der Hinweis „keine Wendemöglichkeit" meint nur die Autos, und so wandern wir nun geradeaus, auf dem Leinpfad vergangener Tage an einer Werft vorbei und ein

prachtvolle Lindenallee

Schmuckstück Zons

Ohne Worte

paar Bootshäusern, die vorsichtig auf Stelzen stehen. Wir teilen uns den Weg mit vielen Radfahrern in beiden Richtungen. Bald endet der Asphaltbelag, und wir wandern lange nah am Rhein entlang. Bei Stromkilometer 719 öffnet sich der Auwald gegenüber zur Niederung der Urdenbacher Kämpe. Bei Kilometer 720 sehen wir den Düsseldorfer Strand (der für die Nacktbader ist sieben Kilometer weiter!), einen halben Kilometer weiter das **„Alte Fischerhaus"** von Benrath mit dem Turm und finden unter einer wuchtigen Pappel eine Hinweistafel auf das Naturschutzgebiet „Zonser Grind".

Altes Fischerhaus

Hier gabelt sich der Weg, eben da, wo auch der Campingplatz „Pitt-Jupp" beginnt. Wer rechts geht, macht die weite Runde um den Grind, vorüber am einstigen Fährhaus. Wir bleiben hier halblinks, wandern zwischen festen Häusern links und Wohnanhängern mit Vorzelten rechts, vorbei an Fahnenmasten, falschen Butzenscheiben und echten Zaunlatten mit Geranien in Kästen. Nach 250 Metern gehen wir bei einem Strommast dann im spitzen Winkel links in den gesperrten Fahrweg und folgen nun dem Wanderweg „A 11". (Für Einkehrwillige am Campingplatz: Nur einen halben Kilometer weiter geradeaus und dann nach rechts liegt das alte Fährhaus von Peter-Josef Schimmelpfennig, seit eh und je „Pitt-Jupp" genannt, seit 1863 in Familien-

Tour 23: *Von Zons den Rhein hinab*

besitz.) Noch lange sehen wir den Rheinverlauf zur Linken. Die Radler sind mit einem Schlag verschwunden, wir sind so gut wie allein im Naturschutzgebiet, nur eine Stromleitung begleitet uns.

Pappelreihen teilen hier die weiten Grünlandflächen, Kopfweiden und Holunderbüsche stehen nah am Weg, und man sieht mittwochs schon, wer sonntags zu Besuch kommt. Nach 750 Metern zweigt erstmals links ein Weg ab, schnurgeradeaus. Wir bleiben geradeaus auf dem „A 11". Wo dann zur Linken das Naturschutzgebiet endet, verlassen wir beim einzigen Strommast, der wie ein umgekehrtes schlankes „V" im Boden steht, den Weg „A 11" und wandern links im stumpfen Winkel durch die Felder, auf eine ferne Baumreihe zu. 500 Meter weiter knickt der Weg bei einem Querweg sacht nach links und läuft entlang an einer Reihe Eschen. Nach 300 Metern passieren wir die Einfahrt zum Brunnengelände; von hier ab ist der Weg befestigt. Zur Linken ragen nur die Steuerstände der Containerschiffe über den Deich.

Nach 450 Metern knickt der Weg bei einem Querweg sacht nach rechts und bringt uns durch den Deich und an die Straße. Jetzt folgt ein ärgerlicher Kilometer hart am Straßenrand. Denn der Zonser „Deichgräf" hat den Zugang auf den Deich verboten – nicht nur für Pferd und Wagen, sondern ebenfalls für Füße. Auch der „Rhein-Camino", wie der Jakobsweg hier heißt, verläuft am Rand der ruhigen Straße. Es geht am „Grenzhof" vorüber, am „Rheinauenhof" vorbei, zurück in die „Stadt Zons". Wo rechts die „Kurfürstenstraße" abzweigt, gehen wir links durch die Maueröffnung in den gesperrten „Herrenweg", vorbei an einem fünfeckigen weißen Kapellchen unter Linden, zurück „Zur Rheinfähre" und rechts hinauf, zum Erzbischof.

Tour 24

Viel Feind, viel Ehr?
Von Hülchrath an die Erft

In der Welt ist die „Hülchrather Straße" wohl weit bekannter als das Dorf, nach dem sie heißt. Heinrich Böll hat hier gewohnt, in der Kölner Neustadt Nord, wo nach dem Fall der Stadtmauer die Kappes-Bure ihre Äcker flott in Geld verwandelt hatten. Und er hat der Straße, die gar nicht nach Hülchrath führt, ein Denkmal gesetzt „aere perennius", dauernder als Erz: So hat Horaz es schon gesagt. Hülchrath liegt ein wenig weiter außerhalb, dort, wo heute noch die Kappes-Bure heimisch, wenn auch selten sind: Drei Landwirte in Hülchrath zur Jahrtausendwende sind gezählt für die Statistik, immerhin.

Kurzbeschreibung

Anfahrt	B 59 bis Grevenbroich, weiter L 142 in Richtung Neuss, hinter Langwaden links K 33 nach Hülchrath, Parkplatz am Ortsende auf dem Festplatz „Auf der Heide". Navigation-Eingabe: 41516 Grevenbroich, Auf der Heide DB nach Grevenbroich, dort vom Platz der deutschen Einheit mit Bus 869 sowie 877 nach Hülchrath
Dauer	3 Stunden
Länge	7 – 10 km (vgl. Karte)
Wanderkarte	Landesvermessungsamt Nordrhein-Westfalen (Hg.): Köln, Nördliche Ville. Freizeitkarte 1 : 50.000
Gasthäuser	Gaststätte „Zur Post", Herzogstraße 1, 41516 Grevenbroich-Hülchrath, Tel. 02182/88 56 02 Kleines Café am Schloss, Am Zolltor 13, 41516 Grevenbroich-Hülchrath, Tel. 02182/62 28 Der Biergarten von Schloss Hülchrath ist vom 1. Mai bis zum 1. Oktober geöffnet, Tel. 02182/82 44 48 Klosterschenke im Kloster Langwaden, Kloster Langwaden, 41516 Grevenbroich-Langwaden, Tel. 02182/88 02-0, Mo Ruhetag, **www.klosterlangwaden.de**
Auskunft	Stadt Grevenbroich, Tel. 02181/608-0
www.	www.grevenbroich.de www.schloss-stadt-huelchrath.de www.schlosshuelchrath.com www.sankt-sebastianus-huelchrath.de www.inselhombroich.de

Tour 24: *Von Hülchrath an die Erft*

Auch tausend Jahre vorher gab es Hülchrath schon. Im 9. Jahrhundert waren die Wikinger eine endemische Plage an allen Küsten zwischen Spanien und Schottland. Vermutlich waren sie es, die in Köln Sankt Ursula und ihre elf Begleiterinnen ermordeten. Denn von Maastricht und Roermond aus zogen sie auch mordend über Land. Schutz bot da noch am besten eine feste Burg, und so trat Hülchrath 1120 in die geschriebene Geschichte ein: als „castellum munitissimum et vetutissimum", als sehr alte befestigte Burg. Seit 1206 ist „Hilkerode" urkundlich belegt, und noch heute sieht der Ort so aus, wie er entstanden ist: Wie ein aufgeklappter Fächer liegt das Dorf um Burg und Vorburg, auch wenn die alte Festung, mangels Zweck und Wikingern, lange schon zum Schloss geworden ist und der „Flecken Hülchrath" (seit 1608) längst zum Objekt der liebenswürdigsten Erhaltung durch eine rührige Dorfgemeinschaft. „Unser Dorf soll schöner werden", hieß das noch vor Jahren. Gegenüber den olympischen Komparativen des „Schneller, Höher, Stärker" ist man inzwischen bescheiden geworden. Jetzt heißt es: „Unser Dorf hat Zukunft". In Hülchrath ist man aber stolz darauf, dass man auch ebenso betonen kann: „Unser Dorf hat allerhand Vergangenheit!"

Die hatte immer mit der Burg zu tun, und deshalb beginnen wir dort den Besuch. Vom Parkplatz am Ehrenmal für die Gefallenen gehen wir

Hülchrather Honoratiore

Vom Kastell ... links in den „Flecken" hinein, wie es am Trafohäuschen steht. Doch schon „Am Zolltor" verlassen wir die Dorfstraße, die „Herzogstraße" heißt, und gehen rechts zur Burg. Hier sind wir schon „henger de schüür", wie es nun auch heißt, nämlich hinter der Scheune. Dann liegt die Anlage in ihrer ganzen breiten Schönheit vor uns und über ihrem Wassergraben wie nur irgendeine Burganlage in Burgund. Über die Dächer der Vorburg ragt der **Bergfried** hervor. Als „Grafschaft" und als Kurkölnisches „Amt" hatte Hülchrath mit der Burg des Territorialherrn, des Erzbischofs von Köln, das flache Land im Mittelalter bis weit über den Horizont hin dominiert. Seine Verliese waren berüchtigt, sein Galgen draußen an der Neukircher Heide hielt die Untertanen in der Furcht des Landesherrn. Als Gerichtsort wie als Richtstätte diente Hülchrath bis in die Zeit des Hexenwahns: 1629 wurden alleine 13 Frauen hier verbrannt, „Auf den Stöcken" bei Speck, zwei Kilometer nach Nordosten. Dann kam das Land mit Gewalt zur Vernunft, die Herrschaft wurde zur „Mairie" im „Département de la Roer" und in Preußen Bürgermeisterei. In den tausend Jahren nach 1933 wurde die Anlage als „Ordensburg" missbraucht und fungierte noch nach 1947 mit gewisser Folgerichtigkeit als Auffanglager für Vertriebene. Seit 1955 ist die Burg Privatbesitz und dient als Wohnstatt wie als Spielstätte für manche Gaudi mit Historienbezug.

Bergfried

Tour 24: *Von Hülchrath an die Erft*

Wir kehren hier der Burg zunächst den Rücken, wissen aber, dass sie für die Runde über Land wie eine Zirkelspitze dient und ganz zuletzt als Ziel: Wir gehen auf der Kreisstraße, dem Kriegerdenkmal gegenüber, zum Ort hinaus, überqueren eine Zufahrt mit Beschilderung zum Schloss bei einem Kruzifix und wandern Richtung „Neubrück 1 km". Nach 100 Metern queren wir den **Gillbach** und folgen darauf links dem Weg entlang der Pappelreihe mit Andreaskreuz („X") und „A 6". Im Mittelalter gab der Bach dem ganzen Land den Namen „Gillgau", seit dem Tagebau hat er nicht einmal eine Quelle. Die wurde abgebaggert, seither bezieht er sein Wasser vom Kraftwerk Niederaußem und aus dem Klärwerk Oberaußem. Und doch: Schon gibt es Eisvögel an seinem Lauf, und in der trüben Brühe soll auch bald wieder geangelt werden. Biologen haben Guppys nachgewiesen, die in dem angewärmten Wasser gut gedeihen. Wir sehen hie und da im Schlamm der Böschung zu den Wiesen hin die Höhlen wie die Fußspuren von Bisamratten.

Gillbach

Nach 400 Metern passieren wir bei einem Wehr im Auwald einen Abfluss des Burggrabens und wandern weiterhin dem Bach entgegen. Bald knickt der Weg am Bach ein wenig links, wir sehen noch einmal Burg Hülchrath. Bei einer wuchtigen Betonbrücke ohne Geländer weisen uns die Zeichen allesamt nach rechts, durch eine leicht verwilderte Allee von Schwarzpappel, Holunder, Ahorn, Kirsche, Buche und Eiche. So geht es durchaus wirkungsvoll schnurgeradeaus und auf das schlossähnliche Kloster von Langwaden zu. Die Wege knicken bei der Zufahrt vorher rechts, wir aber gehen von der gelb-schwarzen Schranke geradeaus bis an den Klosterbereich mit dem Biergarten der Klos-

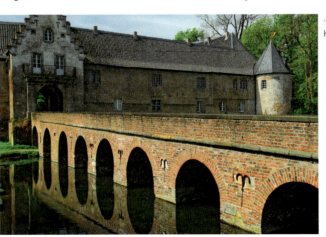

... zum Schloss: Hülchrath

terschenke. Hier gibt es würziges Bier aus dem Altmühltal, der Stätte angemessen, wenn man so sagen darf, aus der ältesten Klosterbrauerei der Welt in Weltenburg. Langwaden wurde im 12. Jahrhundert als Prämonstratenserinnenkloster gegründet. Der schöne spätbarocke Bau, der nun hier steht, wurde 1680 begonnen. Im Inneren aber ließ es der neue Besitzer nach der Säkularisierung vom 10. August 1802, ein Mann mit dem passenden Namen „Maison", zum Wohnschloss verändern. Das mobile Inventar verhökerten die Sieger im Namen der Aufklärung und zum Besten der französischen Staatskasse. 1913 kauften es die Grafen von Nesselrode, die Nazis nutzten es als Arbeitslager und ihre Rechts-

Hier hinein nachfolger abermals als Flüchtlingsunterkunft. So spielt das Leben, c'est la vie! Dann zogen 1964 wieder Mönche ein, Zisterzienser. Sie **Langwaden** schlossen einen Pachtvertrag auf 99 Jahre und für **Langwaden** damit einen Kreis.

Zurück zur Auffahrt, halten wir uns links und folgen abermals den Wegen von vorhin („X" und „A 5", „A 6"), vorbei an einer weiteren Zufahrt zum Klosterbezirk. Wieder wandern wir hier auf einer breiten, kaum befestigten Allee. Links begleitet uns ein flacher Graben, rechts die freie Flur. Beim sachten Linksknick haben wir nun Bruchwald rechts wie links mit Lungenkraut, Salomonssiegel und Aaronstab am Boden. Wo dann links das Grabensystem im Waldboden endet, bietet sich Gelegenheit zu einem Abstecher: Wir gehen links und ohne Zeichen dann am letzten schnurgeraden Graben geradewegs entlang auf einem Damm, der wieder als Allee geführt ist, mitten durch den Wald wie durch einen Kreuzgang der Natur, von Buchen wie von Traubeneichen überwölbt. Nach rund 400 Metern stoßen wir auf einen Quer-

Tour 24: *Von Hülchrath an die Erft*

weg, gehen rechts, erneut auf einer Allee im Wald, und stoßen 100 Meter weiter schon auf einen breiten Querweg, der am Waldrand verläuft. Ihm folgen wir nach rechts („X", „A 5").

Es geht an einer Pferdekoppel vorbei, noch einmal durch einen Streifen Wald und dann am freien Ackerland mit einer Bank entlang. Bei der nächsten Kreuzung, wo der Weg rechts nach Langwaden führt, wechseln nur die Zeichen: Wir bleiben geradeaus am Rand des **Hochbroichs** und folgen nun den Markierungen des „A 6". Links liegt Mühlradt in der freien Ackerflur, rechts das Bruchgebiet mit Schlehen, Weißdorn und Beinwell am Boden. Bei der Abzweigung nach 300 Metern verspringt der Weg ein wenig links und bringt uns weiter geradeaus, am Wald entlang und an die Kreisstraße heran. Hier verlässt uns der „A 6" nach rechts und folgt der Kreisstraße zurück nach Hülchrath.

Wir überqueren aufmerksam die Straße und wandern durch die freie Feldflur weiter geradeaus. Links sehen wir mit einem Saum von Erlen den Verlauf der Erft. Sie schwingt nach 100 Metern, wo von links ein Weg hinzustößt, näher und begleitet uns von fern. Nach abermals 200 Metern passieren wir bei Münchrath einen asphaltierten Fahrweg mit dem Zeichen des Erft-Radwegs und wandern weiter geradeaus, an einem Einzelhaus vorüber, hinter dessen dichter Hecke wir eine Teichanlage ahnen unter einer weit gespannten Voliere für Säbelschnäbler und Austernfischer, die mit dem Erftland vorlieb nehmen müssen als ihrem Wattenmeer am Niederrhein. Unter einer mächtigen Weide am Weg erreichen wir das freie Ackerland auf einem leicht erhöhten Sockel. Wir wandern weiter geradeaus, vorbei an einem Weg

Hochbroich

Unser Dorf: noch schöner?

nach rechts, in dessen optischer Verlängerung nach links die Giebelwand des alten Hofguts Hombroich steht. Noch immer geradeaus, stoßen wir auf ein kleines Stück mit Bruchwald geradewegs an seiner Ecke und wählen abermals den Abstecher nach links (rechts führt der Feldweg gleich bis an den Bahndamm, s. u.).

Entlang der Pappeln und Erlen erreichen wir die Erft an einer Brücke mit zwölf Tonnen Tragkraft. Wir bleiben auf dem rechten Ufer und begleiten nun den Fluss entlang der Pappeln für knapp einen seiner 107 Kilometer. Wir passieren das Gutshaus von 1906, wenig später schimmert das „Rosa Haus" von 1816 durch die Bäume, das alte Herzstück der **Museumsinsel Hombroich**. Während auf dem Ufer gegenüber Spazierende den Reiz des alten Landschaftsgartens und neuen Skulpturenparks ergründen, kommen wir gut voran an der Erft. Ein weißer Höckerschwan im Wasser mit imponierend aufgestellten Flügeln wirkt auf diesem Bild des Friedens schon wie eine Pointe. Hier ahnt man nicht, dass auf dem Ufer gegenüber bis 1988 eine Nato-Raketenstation mit Nike- und Pershing-Raketen lag. Diesmal waren nicht die Wikinger gemeint, sondern der Warschauer Pakt. Seit 1994 dient auch dieser Geländekomplex der bildenden Kunst.

Museumsinsel Hombroich

Zuletzt erreichen wir eine lichte, gewölbte Fußgängerbrücke. Über Tritte geht es rechts hinauf, und schon wieder stehen wir vor Kunst

Hülchrather Apfelblüte

Tour 24: *Von Hülchrath an die Erft*

und einer Bank: Eine granitene Stele des Bildhauers Ulrich Rückriem markiert seit 2005 einen sogenannten „Kulturpfad", der einmal ganz anders angefangen hat, auch er als Tücke der Kriegskunst: Das war ein Bahndamm, hier schon gut zu erkennen, und er sollte nach dem Plan der deutschen Militärs von 1904 für eine „strategische Bahn" das Ruhrgebiet mit Metz im damals deutschen Lothringen verbinden. So hätten Mannschaft und schweres Gerät gleich vor den Feind geworfen werden können, ohne irgendwo bei Köln im Chaos des Berufsverkehrs zu versauern. Dann aber kam der Krieg, obwohl die Bahn nicht fertig war mit ihren vielen Tunnels längs der Ahr, danach der Versailler Vertrag, der jedem deutschen Revanchismus den Zahn zu ziehen wünschte, zuletzt die Inflation:

Höckerschwan

Die Strecke wurde niemals mehr weitergebaut, nur die Bahntrasse bis Rommerskirchen blieb bestehen, l'art pour l'art gewissermaßen, 13 Kilometer Damm als k.u.k.-Land-Art mit Unterführungen und allem drum und dran quer durch die Niederung der Erft. Die Grasmücken, Reiter und Hundebesitzer danken es den Preußen immer noch.

Für 2,33 Kilometer bräuchten wir fortan nicht rechts zu schauen und nicht links, gewissermaßen wie auf Schienen kämen wir voran. Bei der ersten Unterführung kommt von links der Wanderweg „X 2" zu uns herauf. Beim nächsten Brückenbauwerk mit grünem Geländer nach etwa einem halben Kilometer sind wir schon hoch über dem Erftland. Und wir schauen: Pappeln in doppelten Reihen von hier bis zum Sankt-Nimmerleinstag. Wer den Abstecher zur Erft nicht mitgemacht hat, sondern rechts gegangen ist, der stößt dort unten auf den Damm, geht entweder links, unten durch die Unterführung und hinauf, oder bleibt am Sockel rechts und folgt dem Bahndamm bis an den Asphaltweg, der von Münchrath kommt, und steigt dann gleichfalls auf der Ostseite des Damms herauf. Wir finden auf der Höhe wieder eine Stele **Stele Rückriems**, ehe uns der Weg mit dem Andreaskreuz nach links **Rückriems** verlässt. Mit „A 7" geht es weiter auf dem Damm entlang.

Wo wir dann den Gillbach überqueren, führen Tritte links hinab. Wir bleiben weiter oben und finden ab der nächsten Unterführung unter uns auch die Mitte des Dammwegs bepflanzt. Noch immer sehen wir die Stele vom Beginn klar hinter uns, zwei Kilometer weit entfernt. Dann endet die Baumreihe in der Mitte des Wegs, und wenig später führt der Weg „A 7" rechts über sandige Tritte hinab. Wir sehen vor uns Burg und Kirche Hülchrath und wissen, wie wir gehen müssen: Mitten durch die Felder und mit der „Calvinerbuschstraße" in den Ort, zur „Herzogstraße" und dann rechts, vorüber an der St.-Sebastianus-Kirche, aus hellem Tuffstein 1912 neoromanisch gebaut, und der ehemaligen Sebastianuskapelle von 1735, zuletzt zurück zum Parkplatz „Auf der Heide". Wir ahnen es: Das war einmal der Weg zum Galgen. Jetzt steht hier nur der Maibaum.

Tour 25

Perlen am Niederrhein
Rund um Schloss Dyck

Gerhard II. von Dyck war ein wüster Draufgänger und Schlagetot, als Raubritter gefürchtet zwischen Jülich, Geldern und Kurköln. Die Zeiten der Ritter sind glücklicherweise vorbei. Heute hält die Öffentliche Hand im Kassenhäuschen zu Beginn die Hand auf, während die Besucher artig Schlange stehen, um ihr Scherflein abzuliefern. 7 Euro Eintritt für den Park mit freiem Ausblick auf das Schloss, immerhin die schönste Anlage am Niederrhein, die schönste jedenfalls in jenem Herzstück der Region, das seit der Frühzeit dieses Schlosses „Dycker Ländchen" heißt. Und warum heißt Dyck „Dyck"? Weil das den Damm oder den Deich bezeichnet, der im Sumpfland, so wie hier am Kelzenberger Bach, als Grenzwall, Weg und Fundament einmal die physikalische Voraussetzung für trockene Füße war. Schloss Dyck steht

Kurzbeschreibung

Anfahrt	A 46 bis AS Grevenbroich-Kapellen, dann der Beschilderung folgen. Navigations-Eingabe: 41363 Jüchen, Dycker Straße Schloss Dyck erreicht man über Neuss oder Jüchen mit dem Bus.
Dauer	2 – 3 Stunden
Länge	6, 5 km
Wanderkarte	Landesvermessungsamt Nordrhein-Westfalen (Hg.): Köln, Nördliche Ville. Freizeitkarte 1:50.000
Gasthäuser	Bistro und Café „Botanica" im Schloss, 41363 Jüchen, Tel. 02182/824 56 20, www.botanica-schloss-dyck.de Das Dycker Weinhaus, Klosterstraße 1, 41363 Jüchen-Damm, Tel. 02182/850 50, Mo/Di Ruhetage, www.dycker-weinhaus.com
Hinweise	Park und Schloss Dyck sind ganzjährig geöffnet, außer am 24. und 31. Dezember. Das Schloss ist in der Wintersaison dabei nur an Wochenenden geöffnet.
Auskunft	Stiftung Schloss Dyck, Zentrum für Gartenkunst und Landschaftskultur, Tel. 02182/824-0 Nikolauskloster, Tel. 02182/829 96-0
www.	www.stiftung-schloss-dyck.de www.nikolauskloster.de

Nur gemalt: Schloss Dyck

heute noch zu einem Teil auf Eichenpfählen. Vor einem halben Menschenalter konnten wir das Innere des Schlosses noch besichtigen, in übergroßen Filzpantoffeln wie der kleine Muck: die seltene Ledertapete, für die 120 Ziegen aus ihren Häuten hatten fahren müssen, die chinesische Seidentapete, das Herrenzimmer mit den nackichten Galanterien, die berühmte Bibliothek um die botanische Sammlung des Gartengründers Fürst Joseph zu Salm-Reifferscheidt-Dyck, dazu die größte Waffensammlung in Europa diesseits der Nato. 700 Gewehre, Büchsen, Flinten und Rapiere, auch Armbrüste und Hirschfänger aus vier Jahrhunderten. Darunter gewaltige Püster, wuchtige Pistolen mit acht Läufen, ebenso eine Streitaxt, aus deren Stiel sich ganz zuletzt noch feuern ließ – zur kalkulierten Überraschung jeden Gegners.

1394 waren die Dycks in männlicher Linie ausgestorben, und durch Erbe kamen die Reifferscheids, später Salm-Reifferscheids, an den Besitz. Im Mannesstamm starb diese Dynastie 1991 aus, drei Jahre fehlten zur Feier der 600 Jahre, und die Erben sicherten den Fortbestand von Schloss und Park, indem sie beides 1999 einbrachten in eine Stiftung. Die wertvollen Sammlungen hatte man zuvor, 1992/93, versteigern lassen, 20.000 Bände bei Venator & Hanstein in Köln, „The armoury of their Serene Highness the Princes zu Salm-Reifferscheidt-Dyck", also die Waffen, bei Christie's in London.

Schloss Dyck

Doch auch so gibt es noch viel zu sehen: hinterher. **Schloss Dyck** ist nicht nur jederzeit ein Ziel, im Herbst, wenn sich die Blätter färben, wie im Mai, wenn die Rhododendren blühen. Schloss Dyck ist auch ein wunderbarer Start für eine kleine Runde durch das schmucke Dycker Land. Vom umwallten Parkplatz gehen wir auf dem sandigen Fußweg neben der kleinen Kreisstraße nach links. Dann überqueren wir die Landstraße, die rechts nach Damm und zum Nikolauskloster führt und gehen abermals nach links („Rubbelrath"). Nach 100 Metern stehen wir, zumindest theoretisch, in der Mitte einer mächtigen Allee von Esskastanien, die optisch noch immer die Zufahrt des Schlosses verlängert. Zehn solcher Alleen gab es hier einmal; sie lie-

Tour 25: *Rund um Schloss Dyck*

fen aufs Schloss zu oder begrenzten den Park. Diese 224 Bäume, gepflanzt im Jahre 1811, bildeten die einstige Zufahrt zum Schloss. Mehr als einen Kilometer führten die Maronen schnurgeradeaus, auf dass dem Reisenden zu Pferd, zu Fuß und selbst noch in der Kutsche, wenn er einmal aus dem Seitenfenster sah, die gesteigerte Bedeutung seines Ziels nicht verborgen blieb.

Leider werden Edelkastanien in Mitteleuropa selten älter als 200 Jahre, und so sieht auch diese herrliche Allee ihrem nahenden Ende entgegen. So schön das Erbe des Feudalismus auch ist: Unter Demokraten möchte keiner mehr persönlich seine Hand dafür ins Feuer legen, dass uns eine altersschwache Baumkrone nicht hinterrücks erschlägt. So ist das prächtige **Naturdenkmal** in voller Länge eingezäunt, und wir dürfen nur auf seiner Westseite am Rand des Ackerlands passieren. **Naturdenkmal**

Nach 900 Metern schwenkt die Allee sacht nach rechts, wenig später erreichen wir den Fahrweg „Hahnerhof" und kommen mit ihm rechts an die Landstraße heran („Dycker Straße"). Rechts gegenüber liegt das alte Kloster Sankt Niklas, 1401 aus einer Eremitage hervorgegangen. Kranke sollen hier der Überlieferung zufolge auf wundersame Weise schon genesen sein. Leider hilft auch das nicht den Kastanien. Dafür weiß die Legende, dass die Mönche faule Bäcker waren: Selbst in Zeiten großer Not sollen sie nicht dem Versprechen ihres Stifters Kastanienallee

nachgekommen sein, die Armen zu ernähren. So gebot der liebe Gott ein Knäuel Schlangen, die den Mönchen zischend an die nackten Füße fuhren, dass sie sich am Ende doch bequemten und im Ofen Feuer machten. Nach der Säkularisation 1802 blieb das Nikolauskloster reichlich hundert Jahre unbenutzt, dann zogen 1905 Oblaten-Patres ein. Der alte Backsteinbau inmitten eines schönen Gartens lohnt den Abstecher nach rechts. Weiter führt uns unser Weg vom Fahrweg „Hahnerhof" auf dem sicheren Radweg neben der „Dycker Straße" nach links und durch die Biegung. Dahinter überqueren wir den **Jüchener Bach**, der hier im Dycker Ländchen, so klein er auch ist, die Grenze zwischen den Bistümern Aachen und Köln markiert.

Jüchener Bach

Am Kreuz der Dorfgemeinschaft mit dem Fahrweg nach Scherfhausen verlassen wir die Landstraße, biegen gegenüber in den Feldweg ein und kommen neben einer Streuobstwiese her, die zum Weg hin mit Kirschbäumen bestanden ist. So wandern wir im Grundsatz nun dem Lauf des Jüchener Bachs entgegen, wenn dieser bei starkem Regen nicht auch mal bachaufwärts fließen würde. Nach der Wiese geht es an Buschwerk entlang. Dann knicken Weg und Schlehdornhecke sacht nach rechts, und wir wandern geradewegs auf das Örtchen Damm zu, an einer Bank vorüber, die nach der Sonne ausgerichtet ist.

Mit dem stilvollen Klinkerhaus 13 erreichen wir sodann die Ortschaft und wandern weiter geradeaus, mit der „Dahlienstraße" vorüber am Sträßchen „Zum Ruhdall" bis an die „Hubertusstraße" heran. Sie bringt uns rechts bis an die „Klosterstraße", die wir geradeaus weiterverfol-

Schlosspark Dyck

Tour 25: *Rund um Schloss Dyck*

Nach Damm

gen, bis wir die Dorfmitte mit dem Ehrenmal für die Gefallenen erreichen. Gleich dahinter folgen wir der „Leostraße" links und geradeaus und nehmen dann, zwischen den Häusern 28 und 26, den schmalen Pfad zwischen den Gärten weiter geradeaus, zum Ort hinaus und dem Bachtal entgegen. Vor einem Streifen Eschenwald erreichen wir einen Querweg und folgen ihm nach links, nun wiederum bachaufwärts.
Bald kommt von links ein zweiter Weg hinzu. So wandern wir am Auwald entlang, 600, 700 Meter weit, zuletzt an einem kleinen Teich vorüber, wo wir dann vor Aldenhoven die „Schlossstraße" erreichen. Wir überqueren nicht den Bach zur Rechten, sondern gehen mit der Straße halblinks geradeaus („X"). Schon nach 100 Metern wandern wir im Knick der Straße geradeaus, auf dem Wirtschaftsweg nun weiter mit Andreaskreuz und durch eine prachtvolle **Allee von Eschen**. Links sehen wir die Dycker Windmühle von 1756, einst ehemals ein Stück von der Hoheit im Dycker Ländchen, seit langem ohne Mühlenbann und Flügel. Am jenseitigen Ende der Allee, nach 250 Metern, wo der Wanderweg mit dem Andreaskreuz nach links schwenkt, befand sich einmal der Becherhof, ein imposantes Hofgut im Dycker Ländchen. Es stand am Ende ein paar Jahre leer, verfiel und wurde dann nach einem Brand im Dezember 2006 abgerissen, buchstäblich dem Ackerboden gleichgemacht.

Allee von Eschen

Wir gehen hier nun rechts, am Rand der Schafwiese hinab, unten zwischen Weidezäunen weiter, vorbei an einer gewaltigen Esche und mit

Aldenhoven dem Fahrweg über den Bach. So kommen wir nach **Aldenhoven**, nach dem vielstimmigen Urteil des „Männer-Gesang-Vereins Eintracht Aldenhoven e. V." eine der Perlen nicht nur des Dycker Ländchens. Denn so geht der Refrain des Heimatlieds: „Ein kleines Dörfchen, nicht vielen bekannt,/ es liegt so verborgen im Dycker Land./ Heißt Aldenhoven, so schick und so fein,/ es ist eine Perle, eine Perle am Niederrhein."
Mit der „Königstraße" geht es aufwärts durch den Ort, über den „Ginsterweg" hinweg und oben an die „Schlossstraße" heran. Hier wandern wir nach links, abermals am „Ginsterweg" vorüber und insgesamt 300 Meter weit. Dann nehmen wir den letzten Fahrweg rechts zum Haus „3b" nach rechts, vorüber an der „Höningsstraße" und im leichten Knick nach links zum Ort hinaus. Rechts sehen wir im schönen Farbwechsel der roten Buchen und grünen Maronen den Schlosspark liegen, unser Ziel. Beim ersten Querweg an drei Pappeln halten wir uns rechts und wandern durch die Dycker Obstplantagen auf den Schlosspark zu. Dann geht es einen halben Kilometer weit an der Allee entlang, bis wir bei einer rot-weißen Schranke vor der Straße stehen. Auch sie mit ihren schönen Bergahorn-Exemplaren ist eine der erhaltenen Alleen, die zum Schloss gehören. Der Fußweg führt uns links zurück zum Ziel.

Und damit an den Ausgangspunkt. Denn jetzt, vielleicht nach einer Ruhepause im Bistro, ist es die Zeit für eine Runde durch den Park.

Bei Aldenhoven

Tour 25: *Rund um Schloss Dyck*

Schlosspark

Der Hortus Dyckensis

Lateinisch ist die Sprache der Botanik. Deshalb heißt der „englische Garten" von Schloss Dyck noch immer „Hortus Dyckensis". Das klingt nach Plan und Maß, nach Dekor wie nach Dekoration, nach Unterwerfung der Natur mit Schere und Spalier. Und doch sieht alles, ganz im Gegensatz dazu, aus wie das Motto nach Rousseau: „Zurück zur Natur!". Oder, genauer, als sei die Natur schon dabei, sich ihren eigentlichen Herrschaftsbereich zurückzuerobern.

Im 14. Jahrhundert waren Teile der uralten Pfahlkonstruktion schon einmal mit dem festen Haus darauf im Untergrund versunken. Das barocke Schloss Dyck, wie man es heute sieht, entstand im 17. Jahrhundert. Doch der Park wurde im frühen 19. Jahrhundert angelegt unter Joseph Franz Maria Anton Hubert Ignatz Fürst und Altgraf zu Salm-Reifferscheidt-Dyck, künftig: Fürst Joseph. 1793 war in Paris der Absolutismus, die Herrschaftsform des Barocks, persönlich auf die Guillotine gestiegen, im Jahr darauf begann Fürst Joseph, seinen Garten umzugraben. Mithilfe mehrerer Gartenarchitekten wurde aus dem formellen Barockgarten die Anlage, die wir noch heute sehen. Der Brückenpavillon von 1769 wurde integriert in das neue Konzept.

Der Fürst war Amateurbotaniker, doch wissenschaftlich geschult. Als Sammler wie als Autor machte er sich einen Namen. Pflanzen, die er erstmalig beschrieb, vor allem zahllose Kakteen, ehren heute noch mit ihren Namen seinen. Als Mitglied der alten Feudalgesellschaft war ihm das Reisen vertraut, auf seinen Handelsreisen knüpfte er gute Beziehungen zu den führenden Botanischen Gärten Europas, und er tauschte nicht allein Ideen aus, auch Ableger und Saatgut. So spross um einen alten Baumbestand aus Eichen und Buchen herum in Dyck ein wahrer Pflanzenzoo: Seit 1802 wuchs so der erste Tulpenbaum am Niederhein, neben chinesischem Rotholz wächst der japanische Trompetenbaum, da gibt es Gingko, Balsampappeln und Magnolien, Butternuss und Himalayabirke, Atlaszeder und Korallenlinde, persische Blutpflaume steht neben amerikanischer Färbereiche, chinesischer Götterbaum neben japanischem Korkbaum. Allein elf Buchenarten wachsen hier und sind erläutert.

Und zwischen allem immer wieder Wiesen, Wege abseits ohne rechte Winkel, jahreszeitlich assortierte Düfte, Blicke über Blicke auf 53 Hektar insgesamt. Und die schönsten Rhododendrenbüsche finden wir noch immer da, wo sie Gartendirektor Funke für „Ew. Durchlaucht" gemäß dem Brief an „Hochdieselbe" vom 24. März 1834 angelegt hat. Denn selbstverständlich sieht dies alles nur so aus, als habe die Natur Regie geführt.

Tour 26

Fachwerk vom feinsten
Rund um Liedberg

Im Schatten der Burg hat sich Liedberg erhalten. Und wenn man will, gleich zweifach: als Berg und als Dorf, das einzige Bergdorf weit und breit am Niederrhein. Schönes Fachwerk, liebevoll gepflegt, schmückt alle Winkel um den Marktplatz, und wie schon immer eigentlich wacht über allem die Burg: Eine seltene Idylle, und eine unverhoffte dazu, denn Liedberg ist keine Wasserburg – wie alle Herrenhäuser der Umgebung –, sondern eine echte Höhenburg auf einer richtigen Höhe, dem Liedberg. Um 25 Meter überragt die bewaldete Sandsteinkuppe seit Jahrmillionen das flache Schwemmland, und aus dem Wald schaut weithin die barocke Schweifhaube des Torturms in das Land.

Nicht weit entfernt davon der Mühlenturm mit seinen sieben Geschossen, der Bergfried der ältesten Burg aus dem 12./13. Jahrhundert. Als die begehrte Ecke 1279 an die Kölner Erzbischöfe ging, entstand die

Kurzbeschreibung

Anfahrt
A 57 bis AS Neuss-West und A 46 bis AS Neuss-Holzheim, B 230 in Richtung Mönchen-Gladbach bis Steinhausen, dort links „Schlossstraße" zum Markt nach Liedberg. Navigation-Eingabe: 41352 Korschenbroich, Liedberg, Am Markt
Steinhausen erreicht man über Neuss (S 11) und Bus 864, von dort zu Fuß zum Ausgangspunkt.

Dauer
2 Stunden

Länge
Gut 5 km

Wanderkarte
Landesvermessungsamt Nordrhein-Westfalen (Hg.): Köln, Nördliche Ville. Freizeitkarte 1:50.000

Gasthäuser
Gaststätte Vennen „Im alten Brauhaus", Am Markt 5, 41352 Korschenbroich-Liedberg, Tel. 02166/815 18
Gasthaus „Stappen", Steinhausen 39, 41352 Korschenbroich-Liedberg-Steinhausen, Tel. 02166/882 26, Di Ruhetag, www.gasthaus-stappen.de

Auskunft
Stadt Korschenbroich, Tel. 02161/613-0

www.
www.korschenbroich.de
www.schloss-liedberg.de

Liedberg neue Burg, die später zum barocken Schloss erweitert wurde. So kam der Turm mit seinem mittelalterlichen Festungsmauerwerk von 1,60 Meter Stärke 1708 an die modische Haube. Mehr vom Schloss hat sich leider kaum erhalten. Ein Bombentreffer im Zweiten Weltkrieg erledigte beinahe den Rest. Heute ist das Schloss ein Groschengrab, doch ein neuer Besitzer hat von den Groschen offenbar genug und will das Anwesen nach wirklich langer Zeit wieder auf Hochglanz bringen. Da trifft es sich gut, dass er sein Geld auch mit Lacken verdient.

Bei den ersten Renovierungsarbeiten im Frühjahr 2010 hat man in zwölf Metern Höhe in Löchern in der Mauer etliche Schuhe gefunden, eingemauert für die Ewigkeit. Die Archäologen glauben vorderhand an einen alten Brauch und sprechen von der „Bannfunktion" der Schuhe. Wünschen wir ihnen, dass nicht noch die Schuhbesitzer eingemauert aufgefunden werden!

Wir beginnen die Runde „Am Markt", steigen hier das letzte Stück der „Schlossstraße" hinauf, gehen links vorbei an der Kapelle und stehen vor dem Schloss. Und wenn auch wenig nur erhalten ist von einem

alter eigentlichen „Schloss", so kann der **alte Bergfried**, nun der Torturm
Bergfried mit der Haube, doch immerhin die Überlegenheit der Lage deutlich machen.

Dann gehen wir zurück, vorbei am dunklen Backstein der Kapelle von 1707 und im Schwenk nach links am Mühlenturm vorüber mit seinen

Tour 26: *Rund um Liedberg*

sieben Geschossen. Der ursprüngliche Bergfried diente lange Zeit als Wohnturm. 1572 wurde er zur Mühle umgebaut. 1836 riss ein Sturm die Flügel ab mit Achse und Kammrad: Seither steht er als Ruine da, auch er ein Denkmal des Liedberger Quarzits, aus dem bereits die Römer Häuser bauten.

Auf der Höhe des **Liedbergs**, wo bei der rot-weißen Schranke und der Informationstafel der Wald beginnt, verengt die Straße sich zum Weg, der nach dem Namen des Waldstücks „Hagweg" heißt. Hier wandern wir nun geradeaus. Es geht über die Höhe hinweg, wo sich der Weg im 200 Jahre alten Wald als Hohlweg in den festen Sockel gräbt. Überall hier wurde der Stein abgebaut und für Fensterbänke, Türrahmen, für Bauernhäuser, Burgen und Kirchen verwendet. Auch der Quarzsand der Höhe wurde verkauft, teils zur Glasherstellung, teils als Scheuermittel für die bäuerlichen Dielen. Für 1840 sind in Liedberg noch 54 Familien nachgewiesen, die als „Sandbauern" vom Handel lebten.

Liedberg

Bei einer Schranke kommen wir gleich wieder aus dem Wald heraus und stehen vor der Buchenhecke, die die Liedberger Plantagen vor Blicken oder weiteren Begehrlichkeiten schützt. Nun folgen wir dem Querweg rechts. Der Weg am Waldrand steigt noch einmal an, dann überblicken wir das weite Land, in dem der Horizont mit spitzen Kirchtürmen aus Backstein festgenagelt ist. Bei einer Bank verlassen wir den Liedberg nach links und wandern nun auf einem schnurgeraden Weg längs der Plantage durch die Felder.

Schloss Liedberg

750 Meter geht es geradeaus, dann verspringt der Weg um etwa fünf Meter nach links und führt uns weiter geradeaus, nun nur noch auf dem Ackerrain. Vor uns flimmern die Dächer von Rubbelrath unter der Sonne. Nach abermals 500 Metern erreichen wir den alten Kommerhof mit weißen und roten Kastanien rechts und einer riesigen Blutbuche über dem Wohnhaus. Vermutlich wurde von hier aus Burg Liedberg versorgt; seit 1842 ist der Hof in Familienbesitz. Die Jahreszahl 1884 über der Toreinfahrt markiert den Neubeginn nach einem Großbrand in demselben Jahr, bei dem der ganze Viehbestand verbrannte. Später noch hinzugekommen ist sichtlich nur der Eingang in das Wohnhaus. Sogar als Pionier des Rübenzuckers

Am Kommerhof aus der Zuckerrübe versuchte sich der Kommerhof im frühen 19. Jahrhundert; schließlich gab es schon seit 1801 in Schlesien die erste Zuckerfabrik für die Rübe. Doch der Boden war nicht fett und auch nicht

Kommerhof feucht genug. Stattdessen wirbt der **Kommerhof** am Straßenrand mit seinen Kartoffeln.

Wir wandern vor dem Hof nach links, entlang der Weißdornhecke, dann mit einer Pappelallee, die sich als Beginn die Pointe eines Birnbaums leistet. Auf dem Fahrweg, der rechts hineinführt in den Ort, folgen wir dem Andreaskreuz („X") des Wanderwegs und dem Zeichen des Rundwegs „A 8" nach links, schon wieder auf den Rand des Liedbergs zu. Bereits nach 100 Metern verlassen wir den asphaltierten Weg und wandern mit diversen Wanderzeichen auf ein kleines Pappelwäldchen und den Lauf des Kommerbachs zu. Nach 150 Metern schwenkt der Weg nach links und führt uns durch die grüne Flur, an Auwald vorüber und entlang an einer Pferdekoppel.

Wo das Forster Bruch am Bach zurückspringt, entdecken wir den spitzen Turm von St. Pankratius zu Glehn. Vorbei an einem backsteinroten Doppelhaus, das mitsamt dem Nutzgarten zur Linken in der Ackerfläche liegt, erreichen wir Haus Fürth, von Linden eingerahmt. (s. S. 114f.) Das wunderbare Kleinod aus dem 15./16. Jahrhundert, das den Kommerbach als Wassergraben nutzt, ist das letzte Wasser-

Tour 26: *Rund um Liedberg*

schloss im Rheinland, das noch die ursprüngliche Fachwerkbauweise zeigt. Authentisch sind die alten Treppengiebel und bemerkenswert die Sockel aus Liedberger Sandstein. Man darf herumspazieren und das Bild genießen: Wie ein schottisches Traumschloss liegt der Backsteinbau inmitten eines Parks von englischem Gepräge mit Rhododendronbüschen links und rechts in gestaffelten Farben.

Zurück am Bildstock vor der Zufahrt, den eine gewaltige Kastanie überwölbt, folgen wir dem Weg das letzte Stück („X"). So kommen wir nach Schlich, zitieren Wilhelm Busch und „Plisch und Plum" („Ist fatal!" bemerkte Schlich./ „Hehe! Aber nicht für mich.") und sehen, dass man akkurat auch ohne Sandstein bauen kann. An der Kreuzung mit dem „Blankpfad" weisen uns die Zeichen nach links, und wir wandern parallel mit der alten Chaussee auf Liedberg zu. Bei der nächsten Wegekreuzung nach 600 Metern steht ein **Bildstock unter einer Birke**. Hier halten wir uns geradeaus („Liedberg 0,6"), wandern am Sockel des Bergstocks entlang („A 8"), vorbei am „Obstgut Scherer" und mit dem Fahrweg „En de Hüll" bis in den Ort, wo wir bei einem hohen Kruzifix unter Linden die „Schlossstraße" erreichen und links (!) hinauf, zurück zum Marktplatz kommen.

Bildstock unter einer Birke

Die „Höhle", die gemeint ist, bezeichnet die Sandstollen und Felsenkeller im Liedberger Untergrund, links im Berg, tief unter dem Schloss. Nach etlichen Unfällen und Einstürzen durften Sand und Sandstein nach 1880 nur noch im Tagebau gewonnen werden. Das machte den weiteren Abbau der Bodenschätze unrentabel. Und dennoch kam es 1930 zu einer späten Tragödie: Drei Pfadfinder aus Düsseldorf ver-

„Pfadfindergrab"

Bei Haus Fürth suchten, die alten Sandgänge im Felsenkeller zu erkunden. Die Stollen stürzten ein, zwei der Jungen wurden nie gefunden, der dritte starb im Krankenhaus, Paul Schneiders, Albert Voigt und Heini Pöstges.

Man hat ihnen später ein Grabkreuz vor den Unglücksort gestellt. Wer den Ort aufsuchen will: entweder oben, vor dem Schloss, links durch den Durchlass an der Außenwand hinab bis in den Wald mit der Mulde, oder von hier unten, eben „En de Hüll", noch vor den ersten Häusern links hinauf. Und was die drei im Liedberg nicht fanden, das wünscht ihnen der Stein für die weitere Ewigkeit: „Gut Pfad".